어쩌다 유교걸

KB097511

# 어쩌다 유교걸

어느 페미니스트의 동양 고전 덕질기

김고은 지음

오월의봄

# "학생이세요?"

1.

"학생이세요?"

내 나이 서른, 아직도 가끔 이런 질문을 받는다. 질문을 받으면 뭐라고 답할지 고민이 된다. 간단하게 생각하면 나는 대학생이 아니므로 "아니오"라고 대답하면 된다. 대학 졸업장도 없으니 더욱 간단한 문제일지 모른다. 실제로 한 번 보고 말 사이에는 아니라고 말하기도 한다. 그러나 여러 번 봐야 하는 사이라면, 나를 좀 더 잘 설명해야 하는 상황이라면 나는 망설이다가 말끝을 흐리며 이렇게 대답한다.

"아…… 어…… 네. 근데 대학생은 아니에요."

나는 공부를 평생의 업으로 삼겠다고, 세상에 많은 것들을 선생으로 모시겠다고 마음먹은 사람이다. 그러니까 대학생은 아니지만, 학생이긴 하다. 그러면 상대는 어김없이 의아한 표정으로 다음 질문을 던진다.

"뭘 공부하시는데요?"

다시 입을 오물거리며 대답하기를 주저한다. 얘기해주기 싫어서가 아니다. 나는 정말로 잘 말해주고 싶다. 하지만 내가 어떻게 말하든, 그 말을 명확하게 이해할 수 있는 사람은 많지 않다. 그러니까 이번의 머뭇거림은 나의 대답이 당신을 당황하게 할 거라고, 하지만 누구나 그런 반응을 보이곤 하니까 나는 괜찮을 거라고 미리 신호를 주는 것이다.

"그…… 음…… 철학 공부해요. 유교요. 공자 왈 맹자 왈, 그런 거예요."

나는 '유교걸'이다. 보수적인 여자가 아니라 유교를 공부하는 여자, 노브라로 앞가슴이 훤히 트인 티셔츠를 입고 《논어》를 들고 다니는 여자, 또래 친구들이 스토킹 범죄로 스러져가는 걸 보고 분노하면서 음양을 공부하는 여자, 고리타분한 건 딱 질색이라면서 고전 텍스트를 읽는 여자, 세상이 달라져야 한다고 생각하면서 예(禮)에 대해 말하는 여자다.

2.

2018년, 인문학 공동체 문탁네트워크에서 5년 동안 같이 공부한 친구들과 선생님 한 분의 도움을 받아 인문학 사업팀 길드다를 꾸렸다. 공부한 것을 우리끼리 향유하는 데서 그치는 것이 아니라 무언가를 생산하고, 생산한 것으로 삶을 꾸려보기 위해서였다. 돈을 많이 벌 수는 없을 테지만, 공부와 삶을 적극적으로 연결해볼 수 있을 터였다. 강단 밖에서 인문학으로 돈을 벌려면 각자 전공을 하나씩 살릴 필요가 있었다. 길드다가 생긴 지 3년이 좀 넘었을 때 친구들은 자신의 전공을 찾아가는 듯 보였다. 목수인 친구는 현대철학에, 래퍼인 친구는 미학에 관심이 많았다. 둘은 현대예술과 관련된 세미나를 열어 예술계에 있는 친구들과 함께 공부하고, 그 내용을 토대로 공동 예술 작업을 하는 프로젝트에 열중했다. 다른 한 친구는 서양사로 공부 방향을 잡아서 책을 낸 뒤 강의를 했다. 전공이 뚜렷하지 않아 보이는 사람은 나뿐이었다. 그런데 막상 당사자인 나는 그렇게 생각하지 않았다.

길드다의 친구들, 그리고 길드다를 매니징해주신 선생님과 회의를 하던 중 내 전공이 불분명해 보인다는 피드백을 들었다. 나는 "내 전공은 동양 고전"이라고 답했다. 스물다섯에 길드다를 시작한 뒤로 줄곧 동양 고전이 내 본진이라고 생각했다. 그러나 친구들과 선생님의 반응을 보아하니 쉬이 납득하지 못하는 것 같았다. 그 반응이 이해되지 않는 건 아니었다. 나는 대학을 자퇴한 뒤, 20대 내내 묻지도 따지지도 않고 인문학 공동체의 여건에 맞춰 주어지는 대로 공부했다. 루쉰(魯迅), 마르크스(Karl Marx), 네그리(Antonio Negri)와 하트(Michael Hardt), 《사기열전》, 《맹자》, 플라톤(Platon), 푸코(Michel Foucault), 《논어》, 《천자문》, 《사자소학》, 《장자》, 들뢰즈(Gilles Deleuze), 《여사서》 등. 어떤 맥락도 어떤 연관성도 없이 위치적으로는 동양과 서양을, 시기적으로는 고대와 현대를 오갔다. 게다가 공부한 시간과 양으로 따지면 동양 쪽보다 서양 쪽이 더 많았다. 질적으로 따져도 마찬가지였다. 서양 쪽 공부로는 나쁘지 않은 글을 써서 칭찬받은 적이 있었지만, 동양 쪽 공부로는 그런 일이 없었다.

그러나 나의 한문 스승님은 사람마다 잘 맞는 공부가 있다고 하셨다. 하고 싶은 공부만 하라는 말은 아니고, 평소 책은 닥치는 대로 읽되 적을 두는 공부만큼은 자신과 잘 맞아야 한다는 뜻이었다. 동양 고전 공부를 하던 어느 날, '이게 내 삶의 반쪽이 되겠구나' 하는 생각이 들었다. 대단한 이유는 없었다. 그냥 좋았다. "선생님 말씀하시다. 군자가 무겁지 아니하면 위세가 없고, 배워도 단단하지 않느니"* 같은 문장을 읽으면 묵은 체증이 내려가는 느낌이 든다. '아무렴, 겉으로 보이는 위세(威)와 단단해 보이는 모습(固)보다 중요한 게 있지' 하며 고개를 끄덕이고, 동시에 '그런데 무게(重)와 배움(學)은 뭘까?' 하며 고개를 갸웃하게 된다. 답은 책에만 있지 않았다. 책에서 눈을 떼고 무게 있는 말씀을 하시는 한문 선생님을 떠올리며 '무게'를 이해하고, 친구들과 공부에 대한 이야기를 나누다가 불현듯 '배움'에 대한 감을 잡았다. 나는 동양 고전에서 작은 단서를 찾아내고, 내 삶 속에서 그것을 추적하는 일이 좋았다.

3.

내 전공을 동양 고전이라고 생각한다는 말에 정적이 이어지자, 나는 급히 말을 덧붙였다. "잘 맞아서요. 동양 고전이 좋아요." 선생님은 다음에 더 이야기하자며 급하게 여미고 다음 안건으로 넘어갔다. 길드다 친구들과 선생님은 나를 걱정했다. 친구들은 동양 고전에 크게 매력을 느끼지 못했다. 오늘날 서양철학으로 할 수 있는 말은 많지만, 동양 고전으로 할 수 있는 말은

---

\*    子曰, 君子不重則不威, 學則不固. 《낭송 논어》, 김수경·나은
     영·이수민 옮김, 북드라망, 2019, 41쪽(1편 8장).

거의 없으리라 생각했다. 선생님은 동양 고전의 가치를 알았지만, 동양 고전을 좋아한다는 이유만으론 전공 삼을 수 없다고 생각했다. 동양 고전으로 벌어먹고 살기가, 또래 친구들을 만나기가 거의 불가능하리라 판단하셨기 때문이었다. 약간의 차이는 있었지만, 친구들과 선생님은 모두 내가 동양 고전으로 길을 내기는 어려우리라 생각했다.

철학이 아무리 마이너한 분야라지만, 서양철학은 개중에서 좀 낫다고 생각한다. 미술관에 가면 멋져 보이는 서양철학자의 이름과 개념을 쉽게 만날 수 있다. 서양 현대철학이면 힙해 보이고, 서양 고전철학이면 있어 보인다. 세미나나 책을 홍보할 때도 서양철학자의 모습이 (특히 흑백으로) 들어가 있으면 '간지'가 난다. 개념어가 프랑스어나 독일어로 쓰여 있기까지 하면 금상첨화다. '뭔지 몰라도 대단한 것이긴 하겠구나' 하는 인상을 준다. 반면 동양철학은 구닥다리 취급을 받기 쉽다. 동양 고전 철학자들의 이름이나 개념은 어디서 쉽게 만날 수 있을까? 솔직히 잘 모르겠다. 그래서인지 동양 고전 철학자의 이미지가 들어가 있는 홍보물을 보면 왠지 사이비 냄새가 난다(심지어 '사이비(似而非)'도 《맹자》에서 나온 말이다). 거기에 한자로 된 개념어가 첨가되어 있다면 '뭔지 몰라도 도(道) 같은 것이겠구나' 하는 느낌을 주기 쉽다. 내가 공부한 동양 고전에서는 도(道)가 너무 고원한 개념이라 직접적으로 다루는 일이 많지 않았는데, 오늘날 동양철학과 관련해 '도'만큼 많이 쓰이는 단어도 없는 것 같다.

아니, 생각해보니 구닥다리 취급도 호사다. 동양고전에 대한 관심은 거의 없다고 봐도 무방하다. 한국의 역사와 문화는 동양 고전의 영향을 지대하게 받았지만, 그것들은 형태를 바꿔가며 오늘날 사람들에게 거부감을 불러일으키는 데까지 이르렀다. 도(道), 인(仁), 의(義), 예(禮), 지(知) 같은 동양 고전의 개념어를 모르는 사람은 없고 때로 일상에서도 쓰이지만, 실제로 그 단어들이 어떤 자장 안에서 어떤 의미를 내포하고 있는지 정확하게 알고 있는 사람은 드물다. 그걸 제대로 알고 싶어 하는 사람은, 특히 내 또래 중에는 거의 없을 것이다. 잘 모르지만 잘 아는 것 같은 이 상황이 오히려 독이 되고 있다.

동양 고전이 무관심 속에 방치된 건 동양 고전과 오늘날의 언어 사이에 괴리가 크기 때문이기도 하다. 오늘날은 하나의 개념을 명료하게 설명하는 데 익숙하다. 그러나 동양 고전에서 사용되는 언어들은 상징성이 강하다. 동양 고전의 개념이나 핵심 내용을 간단명료하게 말할 수 있는 사람은 많지 않을 것이다. 공부를 오래한 선생님일수록 더 그렇다. 동양 고전의 개념들은 주변의 관련 개념들과 긴밀하게 연결되어 있다. 그러므로 동양 고전에 등장하는 언어들을 낱개로 떨어뜨려 설명하는 건 거의 불가능하다. 하나의 단어는 다른 단어와의 촘촘한 관계 속에서만, 그러니까 그것을 구성하고 있는 우주 안에서만 이해가 가능하다.

이 때문에 동양 고전은, 그중에서도 특히 유교는 쉽게 고리타분하다는 눈초리를 받게 된다. 어른과 아이 사이에 순서가 있다는 말이나 남자가 선창하고 여자가 후창한다는 말이 오늘날 어떻게 들릴까? 듣자마자 사람들이 기함하기 딱 좋다. 나이로 사람 간의 위계를 만들고, 성별에 따라 사람을 차별하는 적폐로 치부되어도 할 말이 없을 것 같다. 페미니스트이면서 동양 고전을 삶의 반쪽으로 삼은 나는 이런 상황에 부딪힐 때마다 곤란해진다. 가부장제 문화에 반기를 들지만, 그러면서 동시에 저런 텍스트를 즐겁게 읽을 수 있다는 걸 사람들에게 어떻게 잘 말할 수 있을까? 나이로 위계를 나누는 게 아니라 역할을 나누어 맡음으로써 서로를 사회 구성원으로 인정했다는 것을, 남성과 여성을 차별하려던 게 아니라 사회가 움직이는 방식을 상징적으로 묘사하고자 했다는 것을 어떻게 잘 설명할 수 있을까? 내가 쓰고 내가 봐도 어딘가 좀 이상해 보이는 이야기들을 잘 풀어내기가 쉽지 않았다.

그러므로 서양철학을 전공하는 것보다 동양철학을 전공하는 것은 더 많은 설명과 해명을 필요로 했다.

내 친구들이 서양 미학을 공부하겠다고 했을 때나 서양사를 강의하겠다고 했을 때, 우리 중에 그것으로 길 만들기가 어려우리라 생각하는 사람은 없었다. 그러나 내가 동양 고전을 전공하겠다고 했을 때는 그 누구도 나를 응원할 수 없었다. 가장 가까이에 있는 친구들조차 동양 고전으로 어떤 이야기를 할 수 있을지 모르겠다고 비관하는 상황에서 내가 할 수 있는 말은 많지 않았다. 그저 내가 동양 고전에 대한 선입견을 뒤엎고 새 시대를 열 천재가 아니라는 사실만 확인할 뿐이었다.

4.

5년을 함께했던 길드다 멤버들과 서로의 길을 응원하며 헤어진 뒤, 여전히 동양 고전이 나의 주된 공부라고 생각하는 지금도 마찬가지다. 나는 유려하고 매끈한 말로 동양 고전에 대해 정리할 자신이 없다. 어쩌면 내가 동양 고전을 그렇게 배우지 않았기 때문인지도 모른다. 그보다 더 오랜 시간 나는 인문학 공동체에서 생활하며, 친구들과 길드다를 꾸리며 동양 고전의 개념과 원문의 문장을 곱씹었다. 때로는 한문으로 읽은 것들이 내 삶 위에 불쑥 튀어 오르기도 했고, 때로는 누군가와 부딪힐 때 한문 안에서 길을 발견하기도 했다. 한 번도 간단하고 명료한 말로 정리된 적 없는 동양 고전 공부는 내 삶 곳곳에 스며들었다. 그래서 내가 공부한 동양 고전에 관해 이야기를 해야 한다면, 나는 내가 동양 고전을 공부하며 만났던 사람과 겪었던 시간에 관해서 이야기할 수밖에 없다. 천재가 아니었기 때문에 동양 고전과 몸으로 진탕 부딪쳤던 이야기를 말이다.

1

어쩌다 유교걸

# (페미니스트) 유교걸의 탄생

PC방에 앉아 사이트 시스템 시계를 켜놓고 58초와 59초 사이에 학사 시스템을 클릭했다. 인생 첫 티케팅으로 얻은 건 교양과목 〈여성과 사회〉 수강권이었다. 새내기 배움터에서 만난 조장 언니가 〈여성과 사회〉를 들어야 한다고 몇 번이나 강조했다. 슬쩍 돌아보니 옆 조의 조장 선배도 같은 과목을 추천하고 있었다. 도대체 여성과 사회가 어떻다는 것인지 모르겠지만, 보아하니 전공 수업보다도 중요하고 인기가 많은 수업인 것 같다. 티케팅 성공 후, 레어템을 겟했다는 성취감을 느끼기 위해 새로고침을 눌러 〈여성과 사회〉의 수강 인원을 살폈다. 그런데 이게 웬걸, 내가 수강 신청을 마치고 사이트를 나갈 때까지도 수강 인원이 다 차지 않았다. 알고 보니 우리 조의 선배와 옆 조의 선배는 절친한 친구 사이였고, 단둘만 이 수업을 새내기들에게 추천했다.

얼떨결에 코가 꿰었지만, 운이 좋게도 〈여성과 사회〉는 내게 두고두고 남는 최고의 대학 수업이 됐다. 김순남 교수님*의 이 기초 페미니즘 수업은 호불호가 갈리는 듯했다. 나와 친한 친구들은 교수님의 매력에 빠지지 않는 사람들이 있다는 걸 믿을 수 없었다. 교수님은 공부하고 질문하는 태도를 잃지 않으며 열정적으로 강의하셨다. 그러나 내가 느끼는 교수님 최고의 매력은 다른 데 있었다. 교수님은 처음부터 마지막까지, 하루도 빼먹지 않고 몹시 피곤한 안색으로 강의실에 등장하셨다. 물론 우리 강의실이 엘리베이터가 없는 5층 건물 맨 꼭대기에 있기 때문이기도 했겠지만, 그래도 교수님만큼 지친 얼굴로 강의실에 오는 사람을 본 적이 없었다. 아마도 열심히 공부하고, 열심히 활동하고, 열심히 수업하며 얻으신 피로 때문이었을 것이다. 그러나 단단히 콩깍지가 씌었던 당시의 나는 그것을 제멋대로 해석했다. 교수님이 매일 같이 지쳐 있는 건 페미니스트로 살아가기가 쉽지 않기 때문이라고, 그러나 그것

---

\* 현 가족구성권연구소 대표로, 성공회대에서 여성학을 강의하신다. 나는 2018년에 교수님의 수업을 들었다. 교수님께서 《가족을 구성할 권리》(오월의봄, 2022)를 출간하셨을 때, 이 책으로 책 모임을 꾸려 멀리서나마 팬심을 다할 수 있었다.

은 저만한 피로를 감수할 만큼 가치 있는 일이라고 말이다.

'페미니즘'이니 '퀴어'니 하는 것들에 대해 아무것도 모르고 있었던 나는 수업을 들으며 뒤통수를 얻어맞은 듯한 느낌을 받았다. 여성 당사자인 나도 알아차릴 수 없게 어떤 힘들이 사회 곳곳에서 미묘하고 촘촘한 방식으로 작동하고 있다는 게 충격적이었다. 나는 교수님을 따라 호락호락하지 않은 세상과 정면으로 마주하겠다고 다짐했다. 조금 더 정확하게는, 다짐하며 급발진했다. 수업이 끝나면 엄마에게 달려가 엄마는 왜 '엄마'가 아닌 자신의 삶을 살지 않냐고 따져 묻고(엄마는 이미 인문학 공부를 하며 새로운 동료들을 만들고 있었다), 함께 한문을 공부하는 열두 살 많은 이를 '오빠'라 부르기 싫어서 이름으로 부르고(그는 나의 한참 선배이자 선생이기도 했다), 잘 만나고 있었던 애인에게 우리는 왜 독점적인 연애를 해야 하냐고 따져 물었다(그는 나의 주기적인 문제 제기로 상당히 괴로워했다). 스무 살이었다.

1년이 넘게 주변 사람들을 괴롭히고 나서야 두 주먹에 꽉 쥔 힘이 풀렸다. 페미니즘이 나의 정체성에 자연스럽게 녹아든 건 그때부터였다. 남들에게 페미니즘의 당위를 강요하는 대신, 내가 사회와 어떻게 만나고 있는지 살피기 시작했다. 그리고 그럴수록 나 역시 가부장적인 문화에 깊이 물들어 있는 사람 중 하나라는 사실을 깨달았다. 예를 들면 나의 '헤실헤실 웃음' 습관은 사람들, 특히 어른이나 남성과 잘 지낼 수 있는 역할을 했다. 그들에게 좋은 인상을 줄 수 있었고, 논쟁거리를 피함으로써 일을 키우지 않을 수 있었다. 그러나 페미니즘이 삶에 녹아든 뒤, 나는 그것이 유용한 도구가 아니라 목소리를 빼앗는 장치라는 걸 알게 됐다. 가부장적인 문화는 쉽게 컨트롤할 수 있는 여성을 원했고, 나는 자발적으로 그 요구에 부응하고 있었다. 이윽고 나는 '헤실헤실 웃음'을 내 습관 목록에서 쫓아냈다. 이렇게 하나둘 지우다보면 내게 과거의 산물은 더 이상 남지 않게 될 것이었다. 그러면 미래 세대에게 고리타분한 문화를 물려주지 않는 신여성이 될 수 있으리라 생각했다. 나는 유교 같은 것에 진절머리 내는 페미니스트였다.

유교 같은 것에 진절머리 내던 페미니스트가 페미니스트인 유교걸이 되기까지 20대 중 절반의 시간이 필요했다. 페미니즘과 마찬가지로 유교 공부도 코 꿰여 시작하게 됐다. 대학에는 〈여성과 사회〉를 포함한 소수의 강의를 제외하곤 나의 학구열을 만족시켜주는 수업이 거의 없었다. 길게 보면 무엇이든 공부가 되지 않겠냐마는, 나의 스물두 살은 성급하고도 자신만만하게 대학의 공부가 필요하지 않다고 단언할 수 있는 나이였다. 대학을 자퇴하고 이전부터 스리슬쩍 발을 담그고 있던 인문학 공동체 문탁네트워크에서 본격적으로 공부를 시작했다. 공부하겠다는 의지만 가득하고 무엇을 공부하면 좋을지 감을 잡지 못하고 있는 나에게 선생님들은 동양 고전을 공부하라고 등 떠밀었다. 도대체 동양에 무슨 고전이 있는지 잘 모르겠지만, 낡고 해진 고전을 왜 읽어야 하는지 잘 모르겠지만, 선생님들 대부분이 공부하고 있거나 하고 싶어 하는 걸 보니 아무래도 대단한 것인 듯했다. 알고 보니 문탁네트워크에는 시기에 따라 강세를 얻는 학문 분야가 있었는데, 그 시절은 동양 고전이 득세하던 때였다.

페미니즘이 즉각적으로 내 삶에 파장을 일으켰다면, 동양 고전이 영향력을 발휘하기까지는 그보다 훨씬 더 많은 시간이 필요했다. 페미니즘 수업은 개론서를 읽는 기초 수업이었고, 동양 고전 수업은 한문 원문을 읽는 심화 수업이었다. 또래 중에서도 한자에 더 무지한 내가 수업 시간에 무슨 말을 알아들을 수 있었을까? 부모님이 한글 이름을 주었기 때문에, 태생부터 인연이 아니라고 한자를 무시하던 내가 무슨 글자를 읽을 수 있었을까? 가만히 앉아서 한문책을 들여다보고 있는 내 모습은 영락없는 바보 그 자체였다. 나의 한문 선생님은 조금 아는 사람보다 차라리 아무것도 모르는 사람이 낫다고 말씀하신 적이 있다. 어떤 면에서는 정말 그랬다. 연달아 수석, 차석을 하며 아는 척하기 바빴던 대학 시절과 다르게 나는 한문에 관련해서는 입도 뻥긋할 수 없었다. 아는 체를 조금도 할 수가 없어서 한문 수업을 떠날 수 없었다. 배울 것이 있는지 없는지 모르는 채 멀뚱히 앉아 있을 뿐이었다. 그렇게 2년이 지나자, 한문 선생님은 저놈이 바보이긴 해도 성실하다고 생각하셨는지 급작스럽게 일을 하나 맡기셨다.

정신을 차리고 보니 《사자소학》을 낭송문으로 풀어 읽는 팀에 들어가 있었다. 내게 동의하거나 거절할 기회는 없었다. 물론 멀뚱히 있다가 그런 기회를 놓쳤을 가능성도 있다. 어쨌든 나는 동양 고전을 오래 공부하신 선생님과 함께 《사자소학》을 정리하고 낭송에 적절한 한글 번역문을 만들어 책을 출간해야 했다.* 그제야 오래도록 잠자고 있었던 페미니스트 자아가 눈을 번쩍 뜨고 뛰쳐나왔다. '뭐라고? 《사자소학》?' 《사자소학》은 여덟 자가 한 문구로 된 한문책으로, 서당에서 유학을 공부하는 아동과 청소년을 위해 만든 것이다. 과거에 사람들은 특별한 설명이 없는 이 책을 외우고 또 외웠다고 했다. 그런데 거기엔 당시 페미니스트 자아가 보기엔 좀 꺼림직한 문장들이 있었다. 예를 들면 이런 문장이다.

---

\*     그렇게 《낭송 사자소학》(북드라망, 2018)이 세상에 나왔다.

## 夫婦有別 長幼有序
<ruby>夫<rt>부</rt></ruby><ruby>婦<rt>부</rt></ruby><ruby>有<rt>유</rt></ruby><ruby>別<rt>별</rt></ruby> <ruby>長<rt>장</rt></ruby><ruby>幼<rt>유</rt></ruby><ruby>有<rt>유</rt></ruby><ruby>序<rt>서</rt></ruby>

부부 사이에는 구별이 있어야 하고, 어른과 아이 사이에는 차례가 있어야 한다.**

집안에서 남녀의 역할 구별이 있어야 한다는 것보다 더 확실한 여성혐오의 증거가 있을까? 사회에서 나이에 따른 차이는 왜 필요한 걸까? 수업에서 한자를 따라 읽기 급급하던 때는 생각하지 못했던 것들이었다. 책임감을 느끼고 꼼꼼히 들여다보며 작업을 시작하자 걸리는 부분이 점점 늘어났다. 이 문장들이 불편한 건 나뿐만이 아니었다. 《사자소학》의 한글 낭송문을 만드는 과정에서 한문에 입문하고 싶어 하는 40~50대 여성들을 모시고 세미나를 열었는데, 그분들 모두가 분통을 터뜨렸다. 《사자소학》의 문장들이 자기가 차별받았던 손녀, 딸, 며느리의 경험을 그대로 설명해준다고 말했다. 그들이 만난 어떤 어르신들은 실제로 이 문장을 차별의 근거로 삼았다고도 했다.

그런데 이상하게 《사자소학》 작업을 이끌어가는 선생님은 어떤 감정 동요도 보이지 않았을 뿐더러, 사람들의 감정적인 반응에도 별말이 없으셨다. 50대인 선생님도 다른 분들과 비슷한 경험을 하셨을 텐데 왜

---

** 《낭송 사자소학》, 김고은·이수민 옮김, 북드라망, 2018, 102쪽.

아무렇지 않으신지 이해가 안 됐다. 선생님이 스스로 페미니스트라고 말씀하신 적은 없었지만, 내가 느끼기에 페미니즘과 거리가 아주 먼 분도 아니었다. 처음엔 선생님이 동양 고전을 오래 공부하셨으니 이런 문제엔 체념하셨을 거라고 추측했다. 그러나 그렇다손 치기엔 선생님이 너무 평온했다. 문득 내가 뭔가를 놓치고 있는 것일지도 모르겠다는 생각이 들었다. '적폐라고 믿어 의심치 않았던 저 개념들과 문장들이 그 당시에는 그렇게 쓰이지 않았던 게 아니었을까?' 공부한 지 2년이 지났어도 내가 이 세계를 잘 모르는 것 같았다. 페미니스트 자아가 슬그머니 꼬리를 내렸다. 일단 판단을 잠시 보류하기로 했다.

기분 나쁘지만 잘 모르겠는 건 우선 넘기고, 좀 더 재밌고 이해할 수 있는 부분을 들여다봤다. 작업을 이끌어주시는 선생님 뒤를 쫄랑쫄랑 따라가며 열심히 한눈을 팔았다. 내가 《사자소학》을 읽으며 가장 매력적이라고 생각한 문장은 맨 마지막에 있었다. 판본에 따라 빠진 경우도 있지만, 나는 《낭송 사자소학》에 이 문장을 빼지 말자고 주장했다. 혹시 끝까지 못 읽는 사람이 있을까 봐 《낭송 사자소학》 서문에 미리 언급도 해두었다.

嗟嗟小子 敬受此書

아! 아이들아, 공경히 이 책을 익혀라.

非我言耄 惟聖之謨

내가 늙어서 하는 말이 아니라, 성인의
가르침이다.*

이 문장을 내 멋대로 다시 풀어보면 이렇다. "얘들아, 제발 이 책을 고리타분하게 여기지 말아주라~. 내가 꼰대라서 이런 말 하는 게 아니거든? 진짜 성인(聖人)들이 한 말이라서 그래!" 이 짧은 책에 읍소하는 말을 구태여 넣어놓다니, 시대를 뛰어넘은 동질감이 느껴졌다. 《사자소학》 흥을 본 건 우리 세미나만이 아니었던 모양이다. 과거에도 이 책은 사람들에게 반감을 살만했던 것 같다. 아무래도 여덟 자로 모든 것을 압축하려다보니, 그 내용이 명확하게 전달되기보단 당위적인 말로 받아들여지기 쉬웠을 터이다. 이 책이 당위적으로 보이는 문장으로 차 있고 또 그렇게 느끼는 게 이상한 일도 아니라면, 과거에 이 책은 어떤 의미가 있었을까? 까다로운 법도를 정해주고 그것을 강요하는 것만이 이책의 목적이 될 수 없다면, 과거에 이 책은 어떻게 읽혔

---

* 　같은 책, 110쪽.

을까?

우선 내 눈에 《사자소학》은 이 책에 실린 말 자체보단 구성에 더 의미가 있어 보였다. 《사자소학》의 3분의 2는 관계에 대한 이야기다. 어떤 관계는 어떻게 생각해야 하고, 어떤 관계에선 어떻게 처신해야 하는지 쓰여 있다. 그 내용을 묶어서 살펴보면 '나'를 중심으로 두 개의 동심원이 생긴다. 작은 원에는 생명의 근원인 부모, 부모 줄기로부터 함께 뻗어 나온 형제자매, 그리고 부부가 있다. 그보다 더 큰 원에는 함께 길을 걸어갈 친구, 길을 이끌어줄 스승, 함께 살게 될 이웃이 있다. 여기서 '나'라는 존재는 경쟁이나 싸움으로 얼룩진 사회에 벌거벗은 채 던져져 생존의 위협에서 살아남기 위해 고군분투하는 개인이 아니다. '나'의 생명은 부모로부터 나와, '나'의 유년 시절은 형제자매와 함께 형성되며, '나'의 앞날은 친구, 스승, 이웃과 같은 이들과 함께할 것이다. '나'는 관계로부터 태어나며, 관계로 인해 구성되며, 관계와 함께 존재한다. 그런 '나'가 어떻게 살아야 하는지, 즉 어떤 공부를 하고, 어떻게 행동과 생각을 갈고 닦으면 되는지에 대한 이야기는 전체 분량의 3분의 1밖에 되지 않는다. 그러니까 《사자소학》의 핵심은 관계에 있다고 봐도 무방해 보였다.

이 책을 과거 서당의 어린이 혹은 청소년이 읽었을 모습을 상상해봤다. 아마 이 책을 읽은 어린이 혹은 청소년은 '나'가 얼마나 많은 관계 안에서 태어났으며, 또 얼마나 많은 관계와 함께 살아가는지를 인식한 채 사회를 만났을 것이다. 연결보다 단절이 익숙한 나와는 달랐을 것이다. 살아남기 급급해서 주변의 관계를 의심부터 하고 보는 내 감각과 전혀 다른 감각이었을 것이다. 그래서 나는 아직 찜찜한 기분을 완전히 해결하지 못했음에도, 우선은 즐겁고 기쁜 마음으로《낭송 사자소학》을 풀어냈다. 그럼으로써 페미니스트 자아와 한문 공부하는 자아가 서로를 온전히 이해하는 일은 일어나지 않았지만, 적어도 혼란스러운 상태로 공존할 수 있게 됐다.

# 쓸고 닦고 환대하기

앞으로 인문학 공동체에서 공부했던 시간에 관해 쓰려면 내가 얼마나 못났었는지를 한참 적어야 하니까, 그전에 잠깐 자랑부터 하고 시작해야겠다. 나는 아이돌, 대중음악, 버디버디, 싸이월드, 인터넷 소설, 게임 같은 걸 즐길 줄 모르는 어린이였다. 주말이면 그냥 아빠를 따라 도서관에 갔고, 엄마가 해주는 수학 수업을 들으며 공부했다. 학원을 다니지 않았지만 성적이 잘 나왔고 교외 대회에 나가서 상도 자주 탔다. 가끔 미술이나 과학 쪽에서도 상을 받았지만, 내가 주로 받는 건 글쓰기 상이었다. 경기도에서 주최하는 문예 대회 산문 분야에서 탄 대상이 내가 받은 가장 큰 상이었다. 어떤 선생님들은 나를 따로 불러서 문제집도 챙겨주고, 대회

정보도 알려주고, 집에 초대도 해주셨다.

그 마음들은 감사했지만, 나는 가능한 한 열심히 선생님들을 피해 다녔다. 복도 끝에서 선생님의 목소리가 들리면 급히 코너를 돌아 한 층 아래로 내려갔다가 돌아간 적도 있다. 중학교를 졸업할 때까지 그랬는데, 선생님들의 기대와 달리 나는 공교육에 불만을 갖고 대안학교에 진학했기 때문이었다. 대안학교에 가서는 공부를 거의 하지 않다가 고3 겨울방학에 바짝 몰아 공부한 덕에 3월 모의고사 성적이 너무 잘 나와서 선생님들을 놀라게 한 적이 있었다. 대학도 오래 다니진 않았지만, 1학년 때는 수석과 차석을 연달아서 했다.

그러니까 살면서 공부나 글쓰기 능력을 의심받아본 적이 없었다. 초등학교 6학년 때 중학생 대상 독서 캠프에 가도 무리가 없었고, 그나마 공부를 거의 하지 않았던 고등학생 때도 시험공부만 안 했을 뿐이었지 과제를 내면 좋은 평가를 받았다. 하지만 인문학 공동체에 가서는 1~2년 만에 기가 팍 죽었다. 처음 난관에 봉착한 건 《사기열전》 세미나에서였다. 《사기열전》은 전한(前漢) 시대(기원전 202년~기원후 8년)에 살았던 사마천(司馬遷)이 옛 인물들에 관해 적은 역사서인데, 내가 보기엔 영 이상한 사람들밖에 없었다. 어떤 자객은 명분 하나로 누군가를 죽이겠다고 몇 년을 땅바닥에서 굴렀는데, 결국 복수에 실패하고 말았다. 굳이 복수하려는 자객이 바보 같아 보였고, 실패한 자객의 이야기를 굳이 역사서에 넣은 사마천도 이상해 보였다.

대학 수업이 무용하다고 단언할 수 있었던 20대 초반의 나는 그들 역시 바보 같고 이상하다고 글을 써 갈 수 있었다. 당연하게도 선생님들에게 된통 혼이 났다. 혼나는 방식도 다양했다. 어떤 선생님은 큰소리로 화를 냈고, 어떤 선생님은 한숨을 쉬며 말을 일절 하지 않았고, 어떤 선생님은 따로 불러 뒤에서 조곤조곤 이야기해줬다. 그때마다 해주시던 이야기는 비슷했다. 그런 방식으로 생각하고 공부하고 글 써서는 달라지지 않을 거라고.

무슨 말씀을 하시는 건지 당최 알아들을 수가 없었다. 혼나는 이유를 몰랐으니, 그다음에 들었던 루쉰 세미나에서도 같은 전철을 밟았다. 루쉰의 비장함이 이해가 안 됐다. 근대 중국을 비판하는 루쉰의 문제의식이 뒤떨어져 보였고, 혼자 세상을 다 짊어지고 사는 것 같은 글의 무게가 갑갑했다. 지금 와서 생각해보면 당시 나는 내가 앉은 자리에서 꼼짝도 하지 않은 채, 오만하게 옳고 그름을 판단하고 평가하기에 바빴다. 말과 글에 갇힌 셈이었다. 내게 말과 글로 적당한 논리를 만들어 그럴싸해 보이게 만드는 재주는 있었지만, 한 사람과 한 시대를 온 마음으로 이해하고 살펴볼 수 있는 능력은 없었다.

그때 공부하며 어찌나 덜덜 떨었던지, 아직도 사마천과 루쉰을 생각하면 어디론가 숨고 싶어진다. 아무도 그 당시의 나를 몰랐으면 좋겠다. 하지만 이걸 말하지 않으면 엉덩이가 가벼웠던 내가 어쩌다 인문학 공동체에 발을 붙였는지 설명할 수 없다. 당시 나는 스스로를 어찌할 수 없어서 울었고, 선생님들의 쓴소리가 서운해 또 울었다. 나와 1년 동안 세미나를 같이 듣던 한 선생님이 나를 조용히 불렀다. 선생님은 말을 꺼내며 무척 조심스러워했고 동시에 자신의 옛 모습을 떠올리며 괴로워했으므로, 나는 선생님의 말을 모른 척할 수 없었다. "네가 그렇게 힘들어하는 건 공부가 절대적으로 부족해서 그래. 나도 비슷한 상황에 놓여봤기 때문에 알고 있어." 하도 혼이 났으니 머리를 굴린다고 다 의미 있는 생각이 아니고 뱉는다고 다 괜찮은 말이 아니라는 건 알고 있었다. 하지만 내가 하는 공부 자체가 문제일 거라고는 생각하지 못하던 때였다.

그제야 비로소 나는 드라마 속 재벌이 왜 "이런 여자는 네가 처음이야!" 하며 캔디형 주인공을 쫓아다녔는지 이해할 수 있었다. 다른 것도 아니고 공부를 제대로 못 하고 있다니, 오기가 생겼다. '그놈의 공부가 뭔지 알기 전에는 이곳을 떠나지 않으리라!' 곧이어 재벌과 같은 마음('날 이렇게 대한 건 네가 처음이야!')으로 대학도 자퇴했다. 대학 교수님은 수업 시간에 나를 공개적으로 칭찬했고 대학 친구는 내게 수석의 비결이 뭐냐고 물었는데, 인문학 공동체 선생님들은 허구한 날 혼만 냈고 공동체 친구들은 안쓰러운 눈으로 쳐다만 봤다. 내가 궁금한 것, 알아내고 싶은 건 대학이 아니라 이곳에 있었다.

대학을 자퇴한 뒤, 제대로 공부하겠다고 발심한 상태로 가장 먼저 시작한 건 '100일 수행'이었다. 규칙적인 생활을 어려워하는 친구를 위해 시작된 일이었는데, 이 프로젝트를 기획한 선생님께서 대학을 자퇴하고 할 일 없어 보이는 내게도 함께하라고 제안하셨다. 100일 동안 매일 아침 일찍 나와서 공동체 공간을 청소하고, 저녁에 집으로 돌아가면 됐다. 책을 읽고 글을 쓴 뒤에 혼나는 것보다 훨씬 나아 보였다. 글을 쓰거나 말할 필요가 없을 테니 자기 검열할 필요도 없을 테다. 게다가 정해진 시간에 맞춰 생활하는 건 자신 있었다. 내가 매일 하는 건 운동밖에 없으므로, 운동 시간을 약간만 조절하면 됐다. 약 네 달간은 단출한 평일을 보냈다. 아침 7시에 일어나 7시 20분에 집을 나서 9시에 공동체 공간에 도착했다. 30분 동안 청소를 하고 저녁 5시까지 시간을 보냈다. 집에 도착하면 6시 반. 저녁을 먹고 잠시 소화를 시킨 뒤 9시에 운동을 시작해서 10시에 씻고 잠들었다. 다음 날을 잘 보내기 위해서 밤에는 약속을 잡지도, 술을 먹지도 않았다.

가끔 쉬는 시간에 핸드폰으로 SNS를 켜면 타임라인 위 친구들의 모습이 낯설게 느껴졌다. 분명 얼마 전까지만 해도 나도 그들 옆자리에 있었는데 말이다. 이곳은 절이 아니었지만, 이곳의 나날은 절간과 얼추 비슷했다. 천방지축 스물두 살이 소화하기에 만만치 않은 생활이었다. 점심엔 주로 공동체로 들어온 선물로 식사를 준비했는데, 자극적인 음식이나 고기가 나오는 날은 매우 드물었다. 거기에 규칙적인 청소 시간까지 더해지면 완벽하게 밋밋한 하루가 완성됐다. 아무리 특별한 취미가 없더라도 밖으로 나돌고 싶은 마음마저 없는 건 아니었다. 창문으로 선선한 바람과 따뜻한 햇살이 들어오는 날이면 마음은 일찌감치 밖으로 나돌았다.

그래도 이왕 하는 거, 공부라도 열심히 하려고 했는데 생각처럼 되지 않았다. 공동체에는 많은 사람이 드나들었고, 사람들은 저마다의 이유로 공간의 붙박이인 내게 말을 걸었다. 즐거운 일이 있어서 나누고 싶은 사람, 당황스러운 사건이 발생해 수습하고 싶은 사람, 맛있는 과일을 가져와 함께 먹고 싶은 사람…… 내게 도움을 청하는 이들도 많았다. 사람들은 두꺼운 A4 유색 용지는 어디 있는지, 칼은 어디에 있는지, 혹시 돌아다니던 볼펜을 본 적은 없는지 물어왔다. 밥을 먹고 잠시 산책에 다녀오자는 말에 마실을 나서면 하루가 훌쩍 지나갔고, 회의라도 하나 하고 오면 반나절이 사라지고 없었다. 책 읽고 글 쓰는 일은 순서에서 계속 밀려났다.
'이게 공부 공동체에서 하는 수련이 맞나……?'

시간이 좀 지나고 매일 같은 시간에 나와 청소하고, 공간을 지키며 사람들을 맞이하는 것은 내가 상상했던 팬시한 '공부'는 아니었지만, 분명 공부이긴 했다는 것을 깨달았다. 고대 서양에서는 그저 말을 꾸미고 논쟁하는 것 자체를 철학이라고 여기지 않았다.《고대 철학이란 무엇인가》의 저자 피에르 아도(Pierre Hadot)는 고대 서양의 철학이 생활양식이었다는 사실을 강조한다.

고대철학은 생활양식이자 확고하게 담론인
것이다. 그것은 담론이자, 결코 닿지 못하면서도
지혜로 향하는 생활양식이다.*

여기서 "담론"은 오늘날 사용되는 특수한 입장의 학술적 관점이 아니라 '논증적 사유' 그 자체다. 사유하는 생활이 바로 담론이기 때문에 이 또한 생활양식이라고 볼 수 있다. 즉, 고대에 철학은 어떤 말을 어떻게 하느냐가 아니라, 어떤 삶을 어떻게 살아내느냐의 문제였

---

* 피에르 아도,《고대 철학이란 무엇인가》, 이세진 옮김, 열린책들,
  2017, 12쪽.

다. 철학 공부란 특별한 책을 읽고 대단한 말을 하는 게 아니라, 일상을 제대로 보내는 것이다. 고대 동양에서도 철학이 생활양식이긴 마찬가지였는데, 당시 공부하는 사람들이 내딛는 첫걸음이라고 일컬어진 《소학》에는 쓸고 닦고 예절을 지키는 일의 중요성이 담겨 있다.

小學之方 灑掃應對 入孝出恭 動罔或悖
소학의 가르침은 물 뿌리고 청소하며, 남의
말에 응대함이 예절과 맞으며, 집에 들어와서는
효도하고 나가서는 공손해 행실이 조금도 예의에
어그러짐이 없도록 하는 데에 있다.**

이 문장을 쓴 주희(朱熹)라는 대학자는 이 문장을 충실히 이행한 뒤에, 그때도 여력이 있다면 책을 읽으라고 말했다. 여기서 공부란 책을 읽는 것도, 논쟁하는 것도, 멋들어진 문장을 구사하는 것도 아니다. 일상생활을 잘 정비하는 것, 잘 꾸리는 것이 가장 기본적인 공부이며 기본이기 때문에 가장 중요한 공부다. 개중에서도 가장 앞서 해야 할 것은 "쇄소응대(灑掃應對)"다. 내 멋대로 이 말을 다시 풀어보자면 청소기 돌리고 물걸레

---

** 　　주희·유청지, 〈소학제사〉, 《사자소학》, 윤창호 옮김, 홍익, 2021, 24쪽.

질하며("물 뿌리고 청소하며"), 내 일상의 공간에 사람들이 찾아왔을 때 그들을 맞이하는 것("남의 말에 응대함이 예절과 맞으며")이다.

오늘날 청소는 가장 말단의 일, 그렇기 때문에 가치도 의미도 찾을 수 없는 일로 여겨지기도 한다. 아이들에게 설거지나 빨래를 일절 시키지 않는 양육자들이 많다고 들었다. 청소일이 주업무인 청소 노동자나 환경미화원을 무시하는 몰상식한 사람들 이야기도 많이 보인다. 신데렐라와 콩쥐가 얼마나 비참한 생활을 했는지 보여주는 지표도 청소다. 그들은 인생에서 가장 불행하고 무시당하던 시기에 허름한 옷을 입고 매일매일 집안을 돌봤다. 사실 나 또한 청소를 하찮게 여기는 사람 중 하나였다. 청소기는 종종 돌렸지만, 부끄럽게도 세탁기 돌리는 방법은 성인이 되고서 알 정도로 청소를 가볍게 여겼다.

그런데 《소학》에서는 왜 매일매일 공간을 쓸고 닦으며 사람들을 맞이하는 걸 중요하다고 생각했을까? 꾸준히 청소나 응대를 해본 사람들은 알 것이다. 걸레로 먼지를 훔치고, 의자를 들어 청소기를 밀어 넣고, 다시 밀대로 정리한 뒤 그 걸레를 빠는 데만 몇 번의 허리 굽히기가 동반되는지. 잠깐 방문하는 사람을 위해 물건을 가지런히 정리하고, 그들을 위한 차나 커피, 따뜻한 물, 컵받침을 언제든 내어줄 수 있도록 준비하는 데 몇 번의 손놀림이 필요한지. 내가 공동체에서 책을 펴보지도 못하고 집에 돌아가는 날이 수두룩했던 건 이 일들이 절대 간단치 않았기 때문이었다.

이 일들은 내가 하지 않으면 다른 누군가가 대신해야 하는 일이다. 먼지도 나의 행동에서 떨어져나오는 것, 어질러진 공간도 나의 일과로부터 만들어지는 것이기 때문이다. 그러니 청소는 나의 가장 작은 행동부터 주시하고 돌아보는 행위다. 청소하다보면 내가 뭘 먹었는지, 무슨 물건을 사용했는지, 얼마나 정신 상태가 산만한지 알 수 있다. 공동체 공간을 청소하는 것도 마찬가지다. 청소하다보면 어떤 사람들이 공간에 드나드는지, 어떤 활동이 벌어지고 있는지, 심지어 때론 누군가 공동체에 마음이 소홀해졌는지까지도 알 수 있다. 나의 일상적인 행위들이 나를 구성하듯, 사람들의 작은 움직임이 공동체를 굴러가게 한다는 것도 청소할 때 가장 잘 느낄 수 있다. 청소는 일상을 소홀하지 않게 만들어주는 공부이자 내가 어떤 물건, 어떤 사건, 어떤 사람과 연결되어 있는지, 그러니까 어떤 존재들과 함께 일상을 살아가고 있는지를 깨우쳐주는 공부다.

응대도 그렇다. "남의 말에 응대함이 예절과 맞으며"는 '환대'라는 요즘 말로 바꿔볼 수 있지 않을까? 나와 다른 존재를 따뜻하게 맞이하는 건 쉬운 일이 아니다. 나를 꼿꼿하게 드러내고 목소리를 키우는 게 아니라, 누군가에게 곁을 내어주는 데엔 심적으로도 물적으로도 준비가 필요하다. 환대할 수 있는 소양을 매일매일 닦는 것 역시 타자들을 만나기 위한 준비이고, 낯선 이들에게 손톱을 세우지 않기 위한 연습이기 때문에 공부라고 할 수 있다.

　공동체에 들어오기 전에 나는 청소와 환대, 그러니까 일상을 살피고 꾸리는 것과 남에게 곁을 내어주는 일에 큰 관심이 없었다. 그저 '내가 할 일' 혹은 '내가 하고 싶은 일'로 세상이 꽉 차 있었으며, 그때 생기는 먼지나 어질러짐, 만나게 되는 사람들은 그에 딸려 오는 부수적인 것이었다. 나는 청소의 가치를 얕보고 환대의 의미를 무시하는 사람 중 하나였다. 공동체에서 쓸고 닦고 사람들과 시간을 보내면서 나는 비로소 가장 기본적인 공부할 줄 알게 됐다. 두껍고 무거운 책을 들고 다니거나 누가 들어도 알 만한 철학자를 앞세우지 않아도, 공부를 잘하지 못한다고 핀잔을 듣고 글이 이상하다고 혼이 나도 괜찮았다. 내 옆을 돌아보고 누군가를 환대하는 일상을 보내고, 그것의 의미를 알아봐주는 공동체에서, 그것의 가치를 익힐 수 있는 책을 읽고 글을 쓴다면 그것만으로도 나는 공부하는 사람이 됐다.

# 고대의 여성 선생님

한문 수업에서 다음 주부터 《열녀전》을 읽을 거란 얘기를 들었을 때 얼마나 놀랐는지 모른다. 《열녀전》은 잘 몰라도 '열녀'는 들어봤다. 조선 시대에 남편을 잃고 절개를 지킨다며 스스로 목숨을 끊은 여성들을 기리며 세운 열녀문은 생각만 해도 치가 떨렸다. '아, 열녀라니! 내가 드디어 유교의 볼 장 못 볼 장을 다 보게 됐구나!' 당시 함께 공부하던 선생님 중 페미니스트 학자인 도나 해러웨이(Donna Haraway)를 연구하던 선생님이 계셨다. 그 선생님을 찾아가 조심스레 페미니스트로서 이 책을 읽는 일이 걱정된다고 말씀드렸더니, 그 선생님은 도리어 나를 '엥?' 하는 눈으로 쳐다보셨다. 만약 그때 '열녀문'의 '열녀'와 《열녀전》의 '열녀'가 다른 한자를 쓰는 단어라는 걸 알았다면 그렇게 창피한 대화는 하지 않을 수 있었을 텐데……. 알고 보니 내가 치를 떨었던 '열녀'는 '열사(烈士)'와 같이 굳세게 무언가를 지킨다는 뜻의 '열(烈)' 자를 쓰고, 《열녀전》은 '열전(列傳)'과 같이 어떤 이야기가 줄지어 있다는 뜻의 '열(列)' 자를 썼다. 즉, 《열녀전》은 여러 여자의 이야기가 담긴 책으로, 내 멋대로 바꿔 말해보자면 '옛 여성 이야기 모음집'인 셈이다.

어떤 점에서 《열녀전》을 읽는 경험은 중학생 때 〈흑설공주〉를 읽었던 경험과 비슷했다. 옛 동화를 각색한 이야기를 모은 소설집에 실린 단편 〈흑설공주〉에는 하얗고 가녀린 백설공주 대신 까맣고 건강한 흑설공주가 등장한다.[*] 백설공주를 위험에 빠뜨리는 건 계모였지만, 흑설공주를 위험에 빠뜨리는 건 음흉한 귀족이다. 위험에 빠진 백설공주는 왕자의 도움을 받았지만, 흑설공주는 계모의 도움을 받는다. 〈흑설공주〉에서 음흉한 속셈이 들통난 귀족은 감옥에 갇히고, 흑설공주와 계모의 사이를 시기하며 〈백설공주〉를 써낸다. 그러니까 〈흑설공주〉에 따르면 공주와 계모는 '여적여(여자의 적은 여자)'가 아닌 '여돕여(여자를 돕는 여자)'의 관계에 있

---

[*]    바바라 G. 워커, 〈흑설공주〉, 《흑설공주 이야기》, 박혜란 옮김, 뜨인돌, 2002.

었던 셈이다. 이 책을 읽을 당시엔 페미니즘의 '피읖'도 들어본 적 없는 때였지만, 흑설공주와 계모의 서사를 읽으며 묘하게 짜릿한 느낌을 받았던 기억이 있다.

《열녀전》이라는 책의 실물을 처음 받아봤을 땐 의심스러운 눈초리로 쏘아보기도 했지만, 실제로 읽다보니 묘한 쾌감을 느낄 수 있었다. 옛이야기라고 하면 여성들이 질투하고 시기하고 서로를 적으로 간주하는 이야기가 많으리라 생각하기 쉬운데, 오히려 《열녀전》에서는 그런 유의 서사를 찾는 게 더 힘들었다. 내가 읽은 《열녀전》에는 남성보다 현명한 여성, 남성에게 뼈 아픈 조언을 하는 여성, 여성을 돕는 여성이 등장했다. 아예 여성들의 연대가 직접적으로 드러나는 꼭지들도 있었고, 연대성이 직접적으로는 드러나지 않더라도 자신이 처한 상황에 맞서 싸울 때 자연스럽게 다른 여성들과 동지적 관계를 맺고 있는 경우도 많았다. 《열녀전》을 읽으며 나의 페미니스트 자아와 유교걸 자아가 경계를 풀고 화해할 수도 있겠다는 느낌이 들었다.

물론 〈흑설공주〉와 《열녀전》이 같은 의도로 쓰이진 않았다. 〈흑설공주〉가 현대 페미니즘의 맥락에서 쓰였듯 《열녀전》 역시 당대의 복잡한 시대적 맥락 위에서 탄생했을 것이다. 《열녀전》을 편찬한 유향(劉向)은 전한 시대 사람으로 여러 이야기를 모아 편집하는 방식으로 이 책을 썼다. 그래서 《열녀전》에 등장하는 어떤 이야기는《춘추》,《시경》,《사기》와 같은 옛 책에서 확인할 수 있지만, 어떤 이야기는 어디서도 확인할 수가 없다. 확인이 불가능한 이야기들은 민간에 전승되는 이야기 혹은 유향이 지어낸 이야기였을 것이다. 유향은 당시 시대적 맥락 위에서 특정한 방식으로 여성의 이야기를 보여주고 싶었을 것이고, 그 이후 또 다른 시대에는 그 이야기를 '열녀(烈女)'로 만들고 싶었을 것이다. 하지만 지금은 21세기. 여성의 이야기를 남성이 써야만 했던 전한 시대도 아니고 열녀문을 만들 필요가 있었던 조선 시대도 아니다. 내가 그들의 시각을 그대로 따라야 할 이유는 없지 않을까? 적어도 내가 만난《열녀전》의 엄청난 능력자 여성 주인공들을 구태여 외면해야 할 필요는 없을 것이다.

현명한 여성들의 이야기가 모여 있는 '현명전'에 실린 〈제녀부모(齊女傅母)〉 편의 부모(傅母)도《열녀전》에 등장하는 능력자 중 하나다. 고대 중국에서 귀족 여성은 방을 나설 때 항상 다른 여성들과 함께 움직였다고 한다. 귀족 여성과 한 몸처럼 움직이던 참모진 중에는 신체의 예절을 알려주는 사람도 있었지만, 덕과 의를 가르치는 '부모(傅母)'라는 존재도 있었다. 부모(傅母)는 스승 부(傅)와 어미 모(母)가 결합한 단어로 여성을 위한 여성 스승을 의미한다. 여성을 위한 여성 스승이라니, 고대 여성들은 교육을 제대로 받지 못했으리라 의심치 않았던 내게 꽤 당황스러운 존재였다. 처음엔 이 이야기가 특이한 경우라고 생각했는데, 꼭 그렇지도 않은 듯했다. 읽어보니 부모(傳母)는 《열녀전》에 두 번 이상 등장했고, 아예 주인공인 장도 있었다.

〈제녀부모〉의 주인공은 장강(莊姜)과 그의 부모(傳母)다. 장강은 위나라에 정실부인으로 왔는데, 그곳에서 꽤 제멋대로 굴었던 모양이다. 낯선 곳에 가면 으레 그곳의 분위기도 살피고, 달라진 풍습도 익히고, 새로운 관계망을 쌓는 것이 수순이다. 그런데 장강은 새로운 환경을 탐색하는 시간은 패스하고, 처음부터 화려하게 꾸미고 방만한 모습을 보여줬다고 한다. 그녀가 그렇게 굴 수 있었던 건 단지 그녀가 상당한 미녀로 설정되어 있기 때문은 아닐 것이다. 오히려 그녀의 출신과 더 관련이 있어 보인다.

장강은 제나라의 공주였는데, 제나라는 그로부터 약 100년 뒤 제환공(齊桓公)을 배출한다. 춘추 시대에는 힘이 약해진 천자를 대신해 제후 다섯 명 중 한 사람이 패자, 즉 우두머리가 됐다. 춘추 시대에 패자가 됐던 이들을 일컬어 '춘추오패'라고 부른다. 춘추오패의 제후 다섯이 누구인지는 꼽는 사람에 따라 달라지지만, 거기서 제환공이 빠지는 일은 없다. 제환공 자체가 '춘추오패'의 시작이 된 인물이기 때문이다. 물론 장강 살아생전에 제나라가 그만한 힘을 가지고 있던 것은 아니다.

하지만 훗날 제환공을 배출했다는 것으로 미루어 짐작하자면 장강이 살았던 때도 제나라가 만만한 약소국은 아니었으리라. 당시 결혼은 외교적인 의미가 강했기 때문에, 위나라에 가서도 장강의 출신은 여전히 중요하고 의미가 있었다.

재밌는 점은 《열녀전》에서 젊은 장강은 무모하고 철없는 공주로 나오지만, 다른 역사서에서 나이 든 장강은 무척 현명한 인물로 등장한다는 것이다. 《시경》, 《사기세가》, 《춘추좌전》 등 책에 따라 조금씩 다르기는 하지만, 대체로 장강은 난폭하고 무절제했던 자기 남편인 위나라 왕과 대비되는 인물로 그려진다. 장강의 남편은 난폭하고 무절제한 인물이었다. 그는 장강과 사이가 좋지 않았지만, 총애하는 후궁에게는 더없이 자비로웠던 모양이다. 그래서였는지 후궁과 사이에서 태어난 아들이 상당히 위협적이고 공격적인 모습을 보였음에도, 그는 그런 모습을 용인하고 방치해 훗날 화를 키우게 된다. 오냐오냐 자란 이 공격적인 아이는 자신의 아버지가 죽고 몇 년 뒤 왕의 자리를 찬탈하려고 했다. 물론 얼마 못 가 쫓겨났지만, 그로 인해 위나라는 큰 곤욕을 치르게 된 셈이다. 장강의 남편은 어리석어 훗날 위나라를 위기로 내몰았지만, 장강은 달랐다. 장강은 사고를 친 난폭한 성정의 아이를 일찍부터 알아봤다고 그려진다. 동양에서 훗날 일어날 나쁜 일의 낌새를 미리 알아차리는 것만큼 현명하다는 표현은 또 없다.

　사고뭉치가 될 뻔했던 장강은 어떻게 현명하고 훌륭하게 성장할 수 있었을까? 《열녀전》에 따르면 그건 장강 혼자만의 힘이 아니라, 장강의 부모(傳母) 덕분에 가능했다. 〈제녀부모〉에서 장강은 부모(傳母)의 말에 감동해 마음과 행동거지를 달리하게 됐으니 이 이야기의 진짜 주인공, 그러니까 《열녀전》에서 현명하고 명석하다고 칭송받는 인물은 장강이 아니라 그의 부모(傳母)다. 장강의 부모(傳母)는 어떤 사람이었을까? 아쉽게도 장강의 부모(傳母)에 대한 정보가 그리 많지는 않다. 부족한 정보로 한 편의 글을 완성하는 것이 무리일 수도 있지만, 나는 부모(傳母)가 주인공으로 세워진 이 이야기를 놓치고 싶지 않았다. 그래서 《열녀전》에서 장강의 부모(傳母)가 했던 말을 살펴보면서 그가 어떤 존재였을지 나름대로 상상해보았다.

　부모(傳母)는 먼저 장강에게 그의 친정인 제나라가 존귀한 나라라고 칭송한다. 이것은 장강의 귀를 열 수 있는 칭찬이기도 하지만, 동시에 장강이 현실을 자각할 수 있도록 돕는 예리한 분석이기도 하다. 부모(傳母)에 따르면 제나라가 당대에 인정받을 수 있었던 건 힘이 세거나 재물이 많아서가 아니라 대대로 백성의 모범이 되어왔기 때문이었다. 얼핏 뻔한 말처럼 보이지만, 장강의 상황과 연결해보면 그렇지 않다. 장강은 빵빵

한 뒷배를 앞세워 화려하게 꾸미고 자기 멋대로 행동할 수 있었다. 그러나 부모(傅母)에 따르면 장강의 존귀함은 친정 뒷배나 화려한 꾸밈이 아니라, 대대로 물려받은 덕으로부터 나온 것이다. 이 말로 인해 장강은 순식간에 꾸미기를 좋아하고 사치스러운 개인이 아니라, 제나라의 조상과 함께 서 있는 역사적인 인물이 되어버린다. 부모(傅母)는 이 존귀함을 버려야 할 것이 아니라 오히려 잘 써야 한다고 장강을 설득함으로써 장강의 체면도 살려주면서 동시에 그가 마음이 상하지 않도록 적절히 꾸짖는다.

부모(傅母)에게는 미묘한 상황을 정확하게 포착할 수 있는 능력이 있었다. 작지 않은 나라의 공주가 왕의 정실부인으로 온 건 위나라에도 꽤 큰 사건이었을 것이다. 사건으로 판이 한 번 흔들린 상태에서는 관계의 지형도를 정확하게 파악하기가 힘들다. 그것도 그곳에 처음 와본 낯선 이라면 더 그렇다. 그때 부모(傅母)는 상황에 휩쓸리지 않고 장강에게 지금 당장 필요한 것이 무엇인지, 그러니까 자칫 잘못했다가 장강이 마주하게 될 위험이 무엇인지 재빠르게 캐치해낸다. 장강이 아무리 강력한 백그라운드를 가졌다고 한들, 남의 나라에 와서 초장부터 튀게 행동하는 건 위험하다. 앞으로 별다른 일이 없으면 장강은 위나라에서 계속 살게 될 터인데, 초반에 관계를 제대로 다져놓지 않으면 앞일이 얼마나 험해질지 알 수 없다. 게다가 주변을 살피고 형세를 익히는 것이 급선무인 상황에서 자신을 뽐내기에 급급하다면 실수하기도 쉽고 곤란한 상황을 만들기도 쉽다. 장강의 부모(傅母)는 이제 막 이민을 온, 혹은 위나라에 제나라 대사로 파견된 장강에게 필요한 것은 조심하고 또 조심하는 마음이라고 진단했다.

그러나 누군가가 처한 어려움을 앞서 꿰뚫어 보는 것과 그 어려움을 면하게 해주는 것은 전혀 다른 차원의 일이다. 누군가를 움직일 수 있으려면 그 사람의 마음을 움직일 수 있어야 하는데, 사람 마음을 움직이는 것이 몹시 어렵기 때문이다. 언제 어떤 방법이 통할지는 오로지 그 상황에 놓인 당사자만이 알 수 있고, 그게 먹힐지는 상황이 완료된 뒤에나 확인할 수 있다. 어떤 때는 간곡하게 요청하는 방법이 통하기도 하고, 어떤 때는 화를 내는 방법이 먹히기도 한다. 그런 면에서 부모(傅母)는 장강의 마음을 움직이는 데 성공한 뛰어난 심리 상담사이자, 당시 장강의 면면을 제대로 분석해내는 전략가이며,《열녀전》속 여자 주인공들이 으레 그러하듯 모든 이야기를 말로 명확하게 전달할 줄 아는 달변가였다.

이 이야기에 계속 마음이 갔던 건 부모(傅母)의 현명함이 인상 깊어서이기도 했지만, 작은이모가 떠올랐기 때문이기도 했다. 나의 외가는 강원도 깊은 산골에 있었고, 고등학교에 진학하려는 자식은 춘천으로 가야 했다. 자식 모두에게 학비와 생활비를 대줄 수 없었던 외가는 다섯 남매 중 아들들만 고등학교에 진학시키기로 결정했다. 지금은 상상하기 어렵지만, 그 당시에는 흔한 일이었을 것이다. 그러므로 막내딸이었던 엄마의 고등학교, 대학 진학 역시 원래는 불가능한 일이었다.

엄마는 중학교에서 공부에 재능을 보였다고 했다. 학교 선생님들이 찾아와 고등학교 진학을 설득할 정도였으나 할머니는 꿈쩍도 하지 않았다. 그런 할머니를 움직인 건 작은이모였다. 작은이모는 할머니가 강경하게 버티고 있는 와중에도 나의 엄마가 고등학교에 진학해야 한다고 판단했다. 그러고는 그 뜻을 할머니에게 전달하기 위해 몇 날 며칠을 굶었는데, 작은이모의 단식은 꽤 강력하고 도전적인 의사 전달 방식이었다. 어떤 일에도 꿈쩍하지 않던 할머니는 자신을 도와 어려서부터 장사와 집안 살림을 해온 작은이모가 밥을 굶는 것만은 견디기 어려워했다. 인제 와서 보면 작은이모의 재빠른 판단과 할머니 마음을 움직이기 위한 단식 투쟁은 무척 현명한 처사였다. 나의 엄마는 환갑이 넘은 지금까지도 하루 종일 책상 앞에 앉아 속으로 '왜?'를 외치며 책을 들입다 파는 것을 삶의 낙으로 여기는 사람인데, 만일 그녀가 진학에 실패했더라면 그녀의 삶은 완전히 달라졌을 것이다.

정리하자면, 《열녀전》에서 부모(傅母)는 지식과 교양 수준이 상당한 캐릭터로 그려진다. 그는 이야기 전개를 유려하게 만드는 능력, 부드럽게 말하면서도 말하고자 하는 바를 확실하게 전달할 수 있는 스킬, 적절한 단어와 개념을 사용할 줄 아는 지혜를 갖고 있다. 그러나 그보다 더 놀라운 점은 '말'보다 '행동'에 있다. 장강이 부모(傅母)의 말을 들었던 건 그의 대단한 말솜씨 덕분이기도 했겠지만, 부모(傅母)가 이야기를 꺼내기 적절한 순간을 찾아내 꼭 필요한 말을 했기 때문이기도 할 것이다. 장강과 일상 대부분의 시간을 함께 보내던 부모(傅母)의 역할은 짧은 시간 동안 만나 필요한 지식을 전달하는 오늘날의 일반적인 '선생' 역할보다 더 컸으리라.

부모(傅母)는 아마 장강이 위나라로 오기 전, 제나라에서부터 함께 생활했던 선생이었을 것이다. 제나라와 위나라에서 함께 살아갔던 그들은 일종의 공동체라고 봐야 할지도 모른다. 서로 일상의 지혜를 나누고 앞날을 함께 헤쳐 나가는 관계, 서로가 서로를 살리는 관계였으니 말이다. 부모(傅母)의 말은 그들의 관계 맺기 방식 중 하나라고 봐야 한다. 따라서 이들에게 공부란 단순히 논쟁에서 그치는 것이 아니라 관계 안에서 서로를 살피고, 일상을 현명하게 꾸려내는 것이었다. 내 눈에는 이들의 공부가 고담준론이나 목소리 높여 싸우기 위한 공부보다 훨씬 멋있어 보인다.

작은이모는 종종 당신의 어렸을 적 이야기를 해주신다. 공부를 잘했다는 이야기는 단골 소재인데, 나는 그 얘기를 들을 때마다 일리가 있다며 고개를 끄덕인다. 열 살 때부터 작은이모와 가까이에서 살았던 나는 그녀의 포용력과 다정함이 총명함으로부터 나온다고 생각했다. 이모만큼 곤란한 상황을 부드럽게 만드는 사람을 보지 못했고, 무슨 말을 듣든 그 요지를 곧바로 파악하고 적절하게 대응하는 사람도 보지 못했다. 장강의 부모(傅母)와 작은이모는 모두 귀가 밝아 말의 요점을 명확하게 이해하고 눈이 맑아 문제가 생겨도 어디로 가야 할지 제대로 캐치할 수 있는 사람이다. 게다가 그녀들은 거기서 그치지 않고 문제가 생겼을 때 적극적으로 나서서 앞날을 생각하며 다른 여자를 돕는 여자이기도 하다.

장강과 그 부모(傅母)처럼 엄마와 작은이모도 서로의 일상을 돕고, 지혜를 나누고, 그로부터 배우며 함께 삶을 일궈가는 공동체에 가까웠을 것이다. 또 작은이모는 나와 동생에게 그런 공부를 가르쳐준 선생이기도 하다. 인문학 공동체에서 일상을 배우기 전부터, 이미 작은이모가 내게는 일상의 선생님이었다. 그녀는 내가 열 살일 때부터 옷이나 음식에 전혀 관심이 없는 엄마를 대신해서 우리 자매에게 머리를 손질하는 방법, 좋은 옷을 고르는 방법, 음식을 맛있게 먹는 방법을 알려줬다. 말과 표정이 풍부하지 않아 때때로 로봇 같다는 소리를 듣는 나는 사근사근하게 사람을 챙기는 방법, 곤란한 상황에서 자연스럽게 분위기를 이끌어가는 방법, 고마움을 표현하는 방법을 작은이모에게서 배웠다. 고모나 이모가 부모(傅母)가 되는 경우도 있었다고 하니, 어쩌면 작은이모를 나의 부모(傅母)라고, 그러니까 나의 가장 오랜 선생이라고 말할 수 있지 않을까?

# 스탠드업 코미디언이 되다

수업 시간에 선생님들이 대놓고 칭찬하는 애들이 있다. 그런 애들이 받는 칭찬은 종류도 가지각색이다. 새학년 첫날 메모장을 들고 와 선생님의 공지 사항을 받아 적었다고, 흘러가듯 말한 숙제를 성실하게 해왔다고, 선생님이 강조했던 부분을 시험 문제로 냈는데 혼자 맞았다고 주목받는다. 선생님들 눈에는 예뻐 보일지 몰라도, 같은 반 친구들 눈에는 얼마나 얄미워 보일까? 나는 그게 항상 걱정이었다. 수업 시간에 선생님이 칭찬하겠다며 내 이름을 부르면 나는 고개를 들지 못하고 귀와 볼만 빨갛게 밝혔는데, 기쁘고 쑥스러워서가 아니라 창피해서였다. 다른 친구들과 비교해 칭찬받는 건 전혀 기쁘지 않았다. 내가 잘하는 건 겨우 공부뿐이었다. 나보다 훨씬 따뜻한 마음을 가진 친구들이 있었다. 선생님들은 자폐가 있는 친구를 어려워하지 않고 같이 놀던 친구, 몸무게가 공개되는 걸 부끄러워하는 친구를 위해 말없이 배려해주던 친구, 누가 시키지 않아도 칠판에 쌓인 분필 가루를 닦고 털던 친구를 칭찬하진 않았다.

문탁네트워크에서 오랫동안 운영해온 초등학생 한문 서당의 선생님 역할을 제안받았을 때 나는 그 시절의 선생님들이 가장 먼저 떠올랐다. 선생님 자리에 서고 싶지 않았지만, 그래도 부담 없는 인턴 자리인 데다 수업료도 준다는 말에 일단 해보기로 했다. 아이들 간식을 준비하고, 쉬는 시간에 같이 놀고, 수업 시간에 잘 따라가고 있는지 보조만 해준다면 큰 무리는 없겠다 싶었다. 게다가 수업을 이끄는 선생님들이 내가 존경하는 분들이어서 마음이 놓이기도 했다. 이분들이 여기서 선생을 하는 덴 뭔가 다른 이유가 있겠지, 싶었다. 수업은 매주 토요일 오전 10시부터 오후 12시 반까지 진행했는데, 평소에 매일 머무는 공간인데도 수업할 때만 되면 그렇게 졸렸다. 마치 밤새 홍대 클럽에서 춤을 추고 첫차를 탄 뒤, 아침 8시쯤 집에 들어와서 네 시간쯤 자고 점심 먹기 위해 일어난 것 같은 컨디션이었다. 전날 아무리 잠을 잘 자도 수업 때만 되면 졸리고 멍했으며 때론 이명도 들렸다.

그렇게 1~2년이 어영부영 흘렀고, 어느새 내가 선생님으로 데뷔해야 하는 시기가 찾아왔다. 나는 스스로 공부가 부족하다고 느꼈던, 그럴싸한 자격증도 하나 없는 20대 초중반의 어리바리였다. 외우는 걸 워낙 못하는 탓에 1~2년이 지났어도 한자를 잘 몰랐고, 인의예지(仁義禮智)같이 중요한 개념에 대해서는 감도 잡지 못한 상태였다. 덕분에 나는 지식으로 학생을 찍어 누르는 권위적인 선생님이 될 수 없었지만, 이런 상태로도 선생이 될 수 있는지 자신이 없어 당황스럽기만 했다. 기초 한자를 익히느라 내 코가 석 자인데, 누가 누구를 가르친다는 걸까? 내게 그럴 만한 자격이 있는 걸까? 만일 그즈음 공동체에서 자크 랑시에르(Jacques Rancière)의 《무지한 스승》을 읽지 않았다면 나는 지금까지도 내게 선생이 될 자격이 없다고 생각하고 있었을 것이다.

《무지한 스승》은 한 외국인 강사의 이야기로 시작된다. 어떤 프랑스인 강사가 벨기에에서 프랑스문학 수업을 담당하게 됐는데, 상황이 영 좋지 않았다. 수강생 대부분이 프랑스어를 못했고 강사는 학생들이 사용하는 네덜란드어를 전혀 몰랐다. 그는 학생들에게 프랑스어-네덜란드어 대역판 소설 한 권을 건네주면서 이 번역문을 사용해 프랑스어 텍스트를 익히라고 주문했는데, 그마저도 통역자를 통해 전달해야 했다. 여기서는 일반적으로 교육이라고 여겨지는 지식의 전달 과정이 거의 이뤄지지 않았다. 그랬는데도 결과는 상상 이상으로 좋았다. 학생들은 소설에서 익힌 문자로 책 리뷰를 무리 없이 쓸 수 있었는데, 심지어 그들은 작가 수준의 문장을 구사했다. 이 일화는 얼핏 보기에 한때 유행하던 '자기주도 학습'의 성공적인 케이스처럼 보이지만, 랑시에르가 그런 종류의 이야기를 책에 실을 리가 없다. 랑시에르는 일명 '68혁명 세대 프랑스 이론가'로, 인간의 지능은 평등하다고 주장하며 지적 능력의 해방을 외친 사람이다.

학교에서 똑똑하다고 칭찬받는 이들은 대부분 나처럼 빠르게 선생님의 말을 따라가는 학생일 것이다. 그러나 랑시에르는 정말 지적 능력으로 학생들의 우위를 나누는 데 의미가 있는지, 아니 그 전에 그게 가능하기나 한지 질문한다. 그에 따르면 지능은 얼마나 빨리 무언가를 외우느냐가 아니라, 어떤 방식으로든 그것을 스스로 깨쳐 익힐 수 있느냐 하는 데 있다. 그러니까 말 그대로 지적 능력은 '배울 수 있는 능력'을 의미한다. 《무지한 스승》의 도입부에 실린 일화는 학생이 선생으로부터 문법이나 뉘앙스, 단어나 문장 구조에 대한 지식을 전달받지 않고도 언어 능력을 기를 수 있음을 보여준 실례였다.

오늘날 학교에서 선생은 지적 능력이 뛰어나 지능을 전달하는 자로, 학생은 지적 능력이 떨어져서 배우는 자로 여겨진다. 선생이 학생을 평가하고 급을 나눌 수 있는 건 진짜 그렇기 때문이 아니라, 선생은 지능이 뛰어나고 학생은 미달한다는 생각에 기인한다. 랑시에르에 따르면 사실 '무식한 학생'은 '유식한 선생'에 의해 만들어진다. 학생에게 부여되는 등급표는 배우는 사람이 아니라 가르치는 사람을 위해 존재한다. 선생은 자신에게 부여되는 권위로 유식과 무식의 거리감을 벌린다. 아무리 선생 개인이 선의를 가지고 학생이 유식해질 수 있도록 돕는다 해도, 지적 능력에 차등을 둔다면 학생은 선생이 가진 지식의 권위에 복종하게 될 뿐이다. 이것이 바로 교육학이 만들어낸 신화다.

그런데 랑시에르의 말마따나 선생과 학생 사이에 지적 능력의 차이가 없다면 선생은 왜 필요할까? 이에 대한 답 역시 외국인 강사의 일화에서 찾을 수 있다. 외국인 강사가 한 일이란 자신의 우월한 지식을 전달하는 것이 아니라, 학생들이 낯선 언어와 씨름할 수 있도록 의지를 갖게 해주는 것이었다. 적당한 책과 자료를 주고, 해내야 할 일과 마감을 줬다. 학생들은 프랑스문학 책을 전혀 이해할 수 없었지만, 어쨌든 들여다봐야만 했고 자신들이 사용하는 언어와 교차 대조하며 어떤 방식으로든 읽어내야만 했다. 여기서 교사의 역할은 학생의 지적 능력을 길러주는 것이 아니라, 학생이 지적 능력을 발휘할 수 있도록 독려하는 데 있다. 학생들은 선생으로부터 배우지만, 선생의 우월한 지능이 아니라 그가 제공하는 환경과 장치에서 자신의 지적 능력을 발휘해갈 뿐이다. 학생들의 지적 능력은 무궁무진하며 선생 그 자체도 학생들이 공부하는 환경이 될 수 있다.

> 선생은 하나의 사물이다. 물론 책보다는
> 다루기가 쉽지 않은 사물이다. 그러나 우리는
> 그것[선생이라는 것/사물]을 배울 수 있다. 즉 그것을
> 관찰하고, 모방하고, 해부하고, 재조립하고,
> 제공된 그의 인격을 실험할 수 있다.*

그러고 보니 내가 문탁네트워크의 선생님들은 존경하고 따르는 건 선생님들이 가진 지적 권위 때문이 아니었다. 나는 선생님들의 출신 학교는 물론이거니와 경력도 잘 모른다. 내가 선생님들에게 배운 것 역시 선생님들의 지식이 아니었다. 사실 공부를 업으로 삼은 사람들에게 지식은 존경의 이유가 되기 어렵다. 세상에 공부할 건 너무 많다. 아무리 서양철학 공부를 오래 했어도 동양철학으로 오면 아는 게 없어지고, 아무리 유럽 중심의 근현대사에 박식하더라도 중동이나 아프리카로 가면 걸음마부터 다시 시작해야 한다. 게다가 아

---

*    자크 랑시에르, 《무지한 스승》, 양창렬 옮김, 궁리, 2016, 195쪽.

무리 배우고 외워도 나이가 들면 점차 하나씩 잊어버리기 마련이다. 나의 선생님들 중엔 예순을 넘긴 분들도 계시는데, 그분들은 사건이나 지명의 이름이나 연도를 자꾸만 헷갈리신다. 그래도 나는 그럴싸한 경력이 없는 선생님, 동양철학은 전혀 모르는 선생님, 지명을 뒤죽박죽으로 섞는 선생님을 사랑하고 존경한다. 내가 그분들에게 배운 것은 공부에 대한 태도와 세상을 대하는 마음가짐, 공동체를 돌보는 성실함 같은 것이었기 때문이다.

어쩌면 내가 학창 시절 선생님의 자리를 좋아하지 않았던 건 나 역시 선생님에게 신성한 프레임을 씌워두었기 때문이었을지도 모르겠다. 학교가 만들어낸 지적 위계를 싫어했지만, 나야말로 지적 위계에 걸맞은 신체였는지도 모른다. 만일 그러지 않았다면 나는 그 당시 선생님에게서 좀 더 멋진 것을 배울 수 있었을 것이다. 학생들이 자꾸만 곤란하게 만들자 복도에 나가서 울던 선생님이 어떻게 그 공포와 설움을 극복했는지, 지루하게 수업을 하던 선생님이 유독 눈을 반짝이며 학생들에게 더 말해주고 싶은 건 어떤 부분이었는지, 학교 수업을 무시하고 학원 커리큘럼만 따라가는 학생들의 마음을 돌리기 위해 선생님들은 어떤 방법을 동원했는지에 대해서 말이다. 거기까지 생각이 닿고 나서야 나는 선생이 되겠다고 마음을 낼 수 있었다. 매끈하고 그럴싸한 지식을 전달할 자신도 없고 전달하고 싶은 마음도 없었지만, 좌충우돌하는 선생님, 부족해서 때로는 반면교사가 되는 선생님, 같이 재밌게 놀며 서로에게 배울 선생님이 될 수는 있었다.

그런데 막상 칠판 앞에 서보니 정말 내 마음만 준비가 되어 있었다는 걸 알게 됐다. 수업 시간에는 내가 전혀 예상하지 못했던 풍경이 펼쳐졌다. "왜요? 아까는 맞는다고 했잖아요. 근데 이젠 왜 아니래요?" 아무리 눈치도 경험도 없는 초보 선생이라지만, 친구들이 나를 존중하는지 아니면 곤란하게 만들고 싶어 하는지는 단박에 알 수 있었다. 인턴 기간 동안 지켜본 바에 따르면 친구들은 다른 두 선생님에게는 왜냐고 꼬치꼬치 캐묻지 않았다. 반면 나는 수업 시간마다 '왜요 감옥'에 감금됐다.

더 큰 문제는 내가 지적 권위를 내세우지 않더라도, 친구들이 지적 권위로 나를 판단하려고 한다는 데 있었다. 뭘 전공했고, 어느 대학을 나왔으며, 공부는 얼마나 했는지 자꾸 물었다. 내가 대답해주지 않자 자신들이 알고 있는 친구, 친구의 친구, 친구의 선생까지 끌고 왔다. "선생님 한자 급수 있어요? 저는 2급인데. 작년에 땄어요." "우와~. 진짜? 엄청 공부 열심히 했네. 선생님은 급수 없어~." "에이 뭐야. 제 친구 하진이는 얼마 전에 준1급 땄어요. 걔 진짜 한자 많이 아는데."

내게서 그럴싸한 네이밍을 찾아내지 못한 친구들은 때로 수업 시간에 대놓고 딴짓을 했고, 주의를 줘도 들은 척도 하지 않았다. 한 명이라도 나를 그렇게 대하기 시작하면 반 전체에 그 분위기가 전파되는 건 순식간이었다. 그런 순간이 닥치면 식은땀이 줄줄 흐르고, 입 안에선 떫고 쓴맛이 났다. 수업이 끝나고 집에 돌아가는 버스에서 창문에 머리를 기대고 내게 무슨 문제가 있는지 돌아보며 자책하기도 했다. 내가 젊은 여자 선생이기 때문인지, 스스럼없이 다가가려 장난을 많이 쳤던 게 되레 독이 된 건지, 부족한 초짜 선생님 티를 내고 있었는지 알 수는 없지만, 어쨌든 친구들은 내게 친절하지 않았다.

수업이 끝나고 나면 바로 다음 주에 있을 수업이 두려워지기 시작했다. 이대로 계속할 수 없다는 것이 확실해졌다. 다른 조치가 필요했다. 내겐 두 가지 갈림길이 있었다. 첫째는 조금 더 엄하고 권위적인 선생이 되는 것이었다. 전통적인 선생의 모습을 보여준다면 친구들은 그에 맞게 전통적인 학생의 역할을 수행해줄지도 모른다. 둘째는 적극적으로 친구들이 가진 지적 권위에 대한 환상을 부수는 것이었다. 나는 두 번째 길을 골랐다.

우선은 정말 아무것도 모르는 선생이 되기로 했다. 그때부터 나는 칠판에 그날 배울 한문을 써놓고는 모르쇠로 일관했다. 대부분은 이전에 배웠던 한자이거나, 일상에서 쓰이고 있는 한자이므로 조금의 힌트만 주면 친구들이 맞출 수 있었다. 쉽사리 한자의 음과 뜻을 떠올리지 못할 때면 친구들은 "아시잖아요~. 거짓말하지 말고 빨리 알려주세요!" 하고 독촉했지만, 나는 끝까지 콘셉트를 잃지 않았다. "아냐, 나 몰라. 진짜 모른다니까?" 한 달 정도가 지나자 친구들은 내가 정말 아무것도 모른다는 걸 믿게 됐다. 혹은 믿는 척 장단을 맞춰주게 됐다. (고맙다 친구들아.) 그리고 내가 애매하게 아는 선생이 아니라, 진짜 아무것도 모르는 선생이 되자 친구들은 내게 지적 권위를 들이밀거나 점수를 매길 수 없었다.

내가 아무것도 모르는 선생이 됐으니, 이번엔 친구들 자신이 뭐든 알 수 있고 할 수 있는 학생이란 걸 믿게 해야 했다. 당연한 말이지만, 내가 아무것도 모르는 선생이라는 걸 믿게 하는 것보다 친구들이 자신을 믿게 만드는 게 훨씬 어려웠다. 거의 반년이 넘게 걸렸고, 그마저도 새로운 친구가 들어오면 처음 상태로 리셋되기를 여러 차례 반복했다. 자기 능력을 믿게 하려면 그 사람이 축적해온 결과물의 양이 아니라 그 사람이 조금씩 달라지는 방향에 집중해야 했다. 외우기를 잘해서 한자를 이미 많이 알고 있는 친구들은 답을 맞히더라도 특별히 칭찬하지 않았다. 반면 이전과는 다르게, 전혀 생각지도 못한 부분에서 아이디어를 내면 그 부분에 주목해서 이야기를 더 끌어냈다. 거꾸로 공부에 자신이 없고 단어를 자꾸 헷갈리는 친구들은 답으로 내놓은 단어가 완전히 정답이 아니더라도, 비슷한 자음이 하나만 있어도 거의 다 맞았다며 칭찬해주었다. 친구들이 받는 칭찬은 그 종류도 내용도 각양각색이었지만, 나름대로 효과가 있었다. 이제 누구도 한자를 무조건 많이 외웠다고 어깨를 으쓱하지 않았고, 한문 해석을 정확하게 하지 못한다고 기죽지도 않았다. 동시에 답을 쉽게 맞히는 친구들은 자주 틀리는 친구들을 무시하지 않게 됐고, 자주 틀리는 친구들은 답을 잘 맞히는 친구들과 거리감을 느끼지 않게 됐다.

친구들이 서로를 무시하지 않을 수 있게 됐을 때부터는 칭찬도 점차 줄여갔다. 칭찬의 힘이 생각보다 너무 셌기 때문이었다. 친구들은 칭찬받기 위해서 무슨 일이라도 하고 싶어 했고, 그럴수록 내게 과하게 집중하고 의지하게 됐다. 누구든 문제 앞에선 정답을 갈구하게 되기 때문에, 친구들 또한 문제를 풀라고 준 시간 내내 내게 말을 걸고 싶어 했다. 조금이라도 힌트를 더 얻어서 정답에 가까이 가고 싶어 하는 친구도 있고, 어려울 것이라 지레짐작해서 얼마 안 가 포기하는 친구도 있고, 틀릴까 봐 두려워서 아예 시도조차 하지 않는 친구도 있다. 그러나 이들이 의지해야 할 것은 아무것도 모르는 선생이 아니라, 무엇이든 알 수 있는 자기 자신과 그 옆의 동료들이어야 했다. 그 시간에 내가 입을 다물자, 친구들은 서로에게 물어보기 시작했다. 그러고는 서로의 문장을 비교해보며 이런저런 이야기를 나눴다. "이게 뭐야? 진짜 웃기다. 크크크." 친구가 웃기고 재밌게 해석한 문장을 발견하면 하나둘 모여들어 그 문장을 구경했다. 자신과 다른 해석을 발견하면 그렇게 해석한 이유를 물어보고 자기 학습지를 고치기도 했다.

내가 더 적극적으로 지적 권위를 내세우지 않는 선생이 되고, 학생에게 지적 위계를 부여하지 않는 수업을 하기로 했음에도 내가 여전히 친구들에게 선생으로 여겨진다는 사실이 놀라웠다. 심지어 어떤 친구들은 그 전보다 나를 더 선생으로 인정해주는 것 같기도 했다. 나와 친구들 사이에 지적 위계 대신 놓이게 된 건 무엇이었을까? 내가 수업하다가 가장 뿌듯했던 순간 중 하나는 칠판에 "선생님 웃겨요"라고 적힌 낙서를 봤을 때다. 나는 날이 더워지면 지치는 학생들을 어떻게 응원할지 고민하고, 추워지면 잘 조는 학생들의 이목을 끌려면 어떻게 해야 하는지 연구했다. 깔깔 웃으며 시청하기만 했던 예능 프로그램을 나름대로 분석하며 레크리에이션 기술을 익혔고, 더 웃기고 재밌는 요소를 넣기 위해 학습지를 바꾸고 또 바꿨다. 그리고 그 시간이 모여 마침내 학생들 앞에서 스탠드업 코미디언임을 인정받게 되었다. 내가 선생으로서 한 가장 중요한 일은 스탠드업 코미디언이 되어 학생들이 지쳤을 때 그들의 기분을 좋게 만들고, 그들을 웃겨서 괜히 공부해보고 싶은 마음이 들게 만들고, 그들이 나와 놀고 싶어서 수업 시간에 말을 하게 만드는 거였다. 그러니까 나는 놀이와 재미를 통해 공부에 대한 의지를 강제할 수 있는 사람이었다.

자크 랑시에르는 선생에게 학생을 강제할 능력이 있다고 말했다. 인간이 평등한 지능을 갖는다던 그가 '강제'를 말하다니, 앞뒤가 맞지 않는 듯 보인다. 강제가 위계나 권위를 통한 강제가 아니라는 것을 전제로 한다면 의외로 평등과 강제는 꽤 잘 어울리는 한 쌍이 될 수도 있다. 모두가 공부하고 지적 능력을 갈고닦을 가능성을 가지고 있다는 점에서 평등하지만, 그것을 혼자해낼 수 있는 사람은 없고 누군가의 도움이 필요하다는 점에서 강제가 필요하다. 이미 품고 있는 가능성을 실현하기 위해서는 의지가 필요하고, 그 의지를 끌어내줄 사람이 필요하다. 그 역할을 하는 이가 바로 선생이다. 그러니까 지적 위계를 만들지 않는 선생도 먼저 말하고, 어떤 일을 시킨다. 그 선생이 학생보다 더 뛰어나거나 특별해서가 아니라, 맡고 있는 역할이 서로 다르기 때문이다.

생각이 여기까지 이르고 나니 《낭송 사자소학》을

풀어 쓸 당시 이해하지 못했던 문장이 하나 떠올랐다.

夫婦有別 長幼有序
부부 사이에는 구별이 있어야 하고, 어른과 아이
사이에는 차례가 있어야 한다.[*]

어쩌면 '구별'과 '차례'는 누군가가 인격적인 우위
를 점한다는 뜻이 아닐 수도 있다. 그러니까 각자가 어
떤 가능성을 가지고 있다는 믿음이 있다면, 이것을 꼭
사람 간에 위계를 나누고 권력을 생산하는 장치라고 볼
수 없다. 마치 내가 내 수업을 듣는 친구들이 배울 수
있다는 가능성을 의심하지 않고, 일종의 강제를 행사해
친구들이 공부할 수 있도록 했던 것처럼 말이다. 유교
야말로 인간의 가능성을 많이 믿는 학파다. 유교의 '구
별'과 '차례'는 서로가 서로의 가능성을 믿고 의지하면
서, 각자 다른 역할을 수행해갈 필요가 있다는 것을 의
미하는 건 아닐까? 만일 어떤 구별도 차례도 없었다면
나는 끝까지 학생들에게 선생이 될 수 없었을 테고, 학
생들은 나를 믿지 않았을 테고, 수업에서 무언가를 배
워갈 수도 없었을 테다. 거꾸로 말하면 구별과 차례는
반드시 서로에 대한 믿음, 그것도 인간에 대한 깊은 믿

[*]    《낭송 사자소학》, 김고은·이수민 옮김, 북드라망, 2018, 102쪽.

음이 있을 때라야 의미가 있을 수 있다. 그래야 위계로 누군가가 우위에 서지 않을 수 있다. 구별과 차례가 제대로 작동하지 못하는 사회는 서로에 대해 어떤 믿음을 갖고 있는지 생각해봐야 하는 사회일지도 모른다.

# 물들이고 물들어가는*

지우를 처음 만난 건 그가 초등학교 3학년 때였다. 지우는 체구가 작지만, 체구를 제외한 모든 것이 큰 친구였다. 금방이라도 터질 듯 부풀어 오른 볼이, 그 볼에서 나오는 듯한 우렁찬 목소리가, 힘차게 뻗어내는 제스처가 그랬다. 자신이 원하는 것과 원하지 않는 것을 잘 알고 있었던 그는 온몸으로 자신의 욕구를 거침없이 표현했다. 가장 자주 하는 표현은 외마디 비명이었다. "아." 보통 그 뒤에는 여러 부정적인 표현이 붙었다. "아, 하기 싫어요." "아, 왜 해야 돼요?" 좀 더 기분이 나빠지면 말이 짧아졌다. "아, 진짜!" 반면 칭찬을 받거나

---

* 이 글에 등장하는 지우는 가명이다.

자신의 요구가 받아들여질 때면 빵실한 볼을 붉히며 기어들어가는 목소리로 외마디 탄성을 뱉었다. "아……." "헿……." "켁……." 부푼 볼에서 터져 나오는 우렁찬 외마디나 한껏 상기된 볼에서 터져 나오는 작은 탄성은 전혀 위협적이지 않았다. 가끔은 그 모습이 너무 귀여워서 웃음을 참느라 식은땀을 삘삘 흘리기도 했다. 지우의 체구가 작을 때까지는 확실히 그랬다.

수업에 오기 싫어서 발을 쿵쿵 구르며 등장하든, 수업에 빨리 오고 싶어서 우다다 뛰어 들어오든, 수업이 끝나고 있을 야구 시합에 가기 위해 선수복을 입고 야구 배트를 휘두르며 인사하든, 어쨌든 지우는 거의 빠지지 않고 수업에 참석했다. 그렇게 1~2년이 지나자 볼이 조금씩 작아지더니 몸이 위아래로 쭉쭉 길어지기 시작했다. 초등학생은 햇수가 아니라 월수로 자라났고, 몇 달 사이에 내 가슴팍에 닿던 지우의 정수리가 눈높이까지 올라왔다. 나는 가끔 친구들과 가벼운 몸싸움을 하며 놀곤 했는데, 훌쩍 커버린 지우는 온 힘을 써서 나를 이기고 싶어 했다. 우리의 키는 엇비슷했을지언정, 운동을 좋아하는 남자 친구의 힘에는 내가 당해낼 재간이 없었다. 순식간에 힘으로 눌려버린 나는 당혹감과 무력함을 느꼈다.

내가 지우를 어찌할 수 없다는 것이 점점 더 명확해지고 있었다. 지우는 누구보다 큰 목소리로 자신이 원하는 것을 주장할 수 있었고, 이제는 큰 목소리가 통하지 않을 때면 힘으로 나를 제압할 수 있었다. 주변 상황에 의해 자신이 하고 싶은 걸 못 하게 되는 상황이나 하기 싫은 걸 해야 할 때, 수업을 듣기 싫다며 드러눕는 날이 늘었다. 지우에게 수업 내용이나 친구들의 의사는 자기가 가려는 길에 돌연 나타난 방해물과 같았다. 그는 세상을 자신에게 도움이 되는 것과 도움이 되지 않는 것, 즉 동질적인 것과 이질적인 것으로 나누고 원하지 않거나 낯선 것을 완강하게 거부했다.

사실 지우의 목소리와 행동이 워낙 도드라져 보여서 그렇지, 이건 비단 지우만의 문제는 아니었다. 정도의 차이만 있을 뿐 친구들 대부분에게서 비슷한 점을 발견할 수 있었다. 매 시즌 수업이 새로 시작할 때 나는 친구들에게 한 가지 주제로 마인드맵을 그리고, 그 주제로 자신을 소개하도록 했다. '내가 좋아하는 것과 싫어하는 것'으로 마인드맵을 그리라고 하면 친구들은 A4 용지가 부족할 정도로 종이를 채웠다. 먼저 발표하겠다는 친구들도 많고, 발표 시간이 부족할 정도로 다들 하고 싶은 말이 넘쳤다. 반면 내가 맺고 있는 관계들, 그러니까 '내가 가는 공간' '나의 주변 사람' 같은 것으로 마인드맵을 그리라고 하면 종이가 휑했다. 발표하기도 꺼렸고, 간신히 일어나더라도 발표 시간이 무척 짧았다. 아마도 친구들은 자신에 대해 생각해야 했던 적은 많았지만, 자신이 서 있는 시공간이나 놓여 있는 관계를 생각해본 경험은 적은 것 같았다.

수업을 하다보면 그런 모습을 또 왕왕 볼 수 있었다. 우리 수업은 빈 공간에 좌식 책상과 의자를 놓으면서부터 시작된다. 친구들에게 책상을 놓자고 얘기하면 대부분이 자신의 책상만 가져다 놓았다. 늦게 올 친구의 책상도 같이 놓아달라고 부탁하면 정색했다. "왜요? 제가 왜요?" 도자기로 브로치를 만드는 특별 수업 시간에 빠진 친구를 위해 하나 더 빚어보자고 제안해도 마찬가지였다. "제가요? 걔 거를 제가 왜 만들어요?" 친구들의 심보가 고약하기 때문에 이런 건 아니었다. 다들 나름의 합리적인 이유가 있었다. 첫 번째 친구는 자신의 체력과 시간을 써서 다른 사람을 위한 책상을 까는 것이 손해라고 느꼈다. 두 번째 친구는 자신의 브로치를 예쁘게 다듬기에도 바쁘기 때문에 다른 이를 챙길 여유가 없었다. 자기가 가꿔야 할 세계가 너무 크다면 누구나 주위의 관계를 놓칠 수 있었고, 그때 이질적인 존재들은 그저 동질성을 해칠 수 있는 존재가 될 뿐이었다.

친구들을 그냥 나무랄 수는 없었다. 관계보다 '나'가 더 도드라져 보이는 오늘날의 모습은 개개인의 인격 성숙 문제가 아니라 사회적인 현상이다. 나 역시도 이 사회에 함께 사는 인간이었으므로, 친구들과 크게 다르

지 않았다. 나는 대부분의 순간, 특히 무언가 큰 결정을
할 때면 주위의 상황을 크게 고려하지 않고 내가 내키
는 대로 행동해왔다. 돌이켜 보면 대학 자퇴도 그렇게
했고, 공동체에서 공부도 그렇게 시작했다. 초등학생들
에게서는 그 모습이 더 적나라하게, 어떤 포장도 없이
드러났을 뿐이었다.

결국 반복되는 수많은 "제가 왜요?"를 견딜 수 없
게 됐을 때쯤 한 학기 통째로 '우정'을 다뤘다. 우리는
내 옆에 있는 친구와 함께 사는 법에 대해 같이 이야기
를 나눠볼 필요가 있었다. 수업을 준비하며 그동안 읽
었던 모든 동양 고전을 뒤져서 우정과 관련된 문장을
열 개 꼽았다. 교재의 첫 문장은 《낭송 사자소학》으로
시작했다.

근묵자흑 근주자적
近墨者黑 近朱者赤
먹을 가까이하는 자는 검어지고, 붉은 물감을
가까이하는 자는 붉어진다.<sup>*</sup>

유명한 사자성어 '근묵자흑(近墨者黑)'이 나오는 문

---

* 蓬生痲中 不扶自直(쑥이 삼 가운데 자라면 붙들어주지 않아도
  저절로 곧아진다).

장이다. 비슷한 뜻의 다른 버전으로 쑥 버전[*]과, 모래 버전[**]이 있다. 어떤 사람들은 이 문장을 보고 친구를 가려 사귀어야 한다고 말한다. 나에게 도움이 되는 친구와 나에게 해가 되는 친구를 명확하게 구분해야 한다는 것이다. 물론 좋은 사람들과 함께 사는 것은 인생의 중차대한 문제이기는 하다. 그러나 이 문장을 그렇게만 해석한다면 친구를 고르고 선별해서 사귀라는 말처럼 보일 수 있다. 그건 동질적인 존재와 함께하고 이질적인 존재는 배척하라는 말과 별반 다르지 않다. 만일 동질성 속에서만 살아가게 된다면 인간의 세계는 정말 자기 자신으로 가득 차버릴지도 모른다.

그러므로 나는 조금 다르게 해석하고 싶었다. 이 문장에서 내가 흥미롭다고 생각한 건 '물든다'였다. 검은색이든 붉은색이든, 사람들은 옆에 있는 사람으로 물든다. 놓치기 쉽고 잊기 쉬운 사실이지만, 우리는 서로를 물들이고 서로에게 물들어가는 존재다. 아무리 싫고 아무리 무관심하더라도, 같은 교실 안에 있는 친구들은 어떤 방식으로든 서로 물들이고 물들어간다. 내가 하고 싶은 대로 한다고 주변과 아무런 영향을 주고받지 않는

---

[*]    《낭송 사자소학》, 김고은·이수민 옮김, 북드라망, 2018, 65쪽.
[**]   白沙在泥 不染自汚(흰 모래가 진흙에 있으면 물들이지 않아도 저절로 더러워진다).

것이 아니다. 친구들이 나를 물들이는 것만큼, 나도 친구들을 물들인다. 그러므로 저 친구가 검은색인지 빨간색인지 점수를 매길 것이 아니라, 내가 친구들에게 어떤 색을 묻히고 있는지 알아야 한다.

친구들이 첫 문장만 읽고 어딘가 달라졌다면 좋았겠지만, 당연하게도 그런 일은 일어나지 않았다. 수업은 겨우 1주일에 두 시간이었다. 크게 달라지지 않는 수업 풍경 속에서 우리는 우정에 대한 이야기를 더듬더듬 해갔다. 친구들과 이미 영향을 주고받으며 살고 있다는 것을 익힌 다음에는 구체적으로 어떻게 친구들과 관계를 맺으며 살아가면 좋을지에 대한 문장을 읽었다.

朋友有過 忠告善導
친구가 잘못이 있거든 충고하여 잘 이끌라.***

이 문장은 《논어》에 나오는 내용을 여덟 글자로 줄인 것이다. 자공(子貢)이라는 제자가 공자에게 친구에 관해 물었더니 공자가 이렇게 말했다. "성심껏 충고해주고 잘 이끌어야 한다. 안 되면 그만두어 스스로를 욕

~~~~~~~~~~~~~~~~~~~~~~~~~~~~~~~~~~~~~~~~~~~~~~~

*** 같은 책, 67쪽.

되게 하지 마라."*《논어》의 이 문장 역시 친구를 분별하고 끊어낼 줄 알아야 한다는 뒷부분에 방점을 두고 읽는 사람들이 있다. 공자가 살았던 춘추전국 시대는 사(士)계급층의 목소리가 커지던 시기였다. 그러나 사 계급에게는 기존의 귀족계급과 달리 뿌리 깊은 기반이 없었다. 따라서 자칫 친구 한 명 잘못 사귀었다가는 멸족당할 위험이 실재했으므로, 사계급이었던 공자가 친구를 사귀는 것의 중요성과 위험성을 동시에 강조한 것은 당연한 일이었다. 그러나 오늘날에도 뒷부분에만 방점을 찍고 읽으면 이 문장 역시 친구를 입맛에 맞게 골라 사귀어도 된다는 식으로 읽힐 위험이 있다. 그래서 나는 수업 시간에《논어》의 앞 문장, 그러니까《사자소학》에 정리된 내용에 집중했다.

오늘날 일상에도 '충고(忠告)'와 '선도(善導)'라는 단어가 쓰인다. 전자는 꼰대 같은 조언을, 후자는 윽박지르는 선도부를 연상케 하니 동양 고전에 반감 갖기 딱 좋은 단어들이라고 할 수 있다. 그러나 본래 이 단어들은 그런 뜻으로 쓰이지 않았다. 우선 충고('충곡'으로 읽기도 한다)는 상대를 함부로 판단하고 조언하는 것과는 거리가 멀다. 충고란 온 마음을 다하여(忠) 이야기해주는

---

*    子曰: "忠告而善道之, 不可則止, 無自辱焉".《낭송 논어》, 김수경·나은영·이수민 옮김, 북드라망, 2019, 388쪽(12편 23장).

**76**

것(告)이다. 선도 역시 규율을 정해놓고, 거기에 맞지 않을 경우 폭력적으로 강제한다는 뜻이 아니다. 선도란 말을 잘(善)해서 길을 잃지 않게 이끌어주는 것(導)이다. 그러니 이 문장에 따르면 친구는 같이 재밌게 놀기만 하거나 듣기 좋은 이야기로 기쁘게만 해주는 존재는 아니다. 친구란 충고하고 선도해주는 사람, 그러니까 자신과 조금 다른 시각으로 자신의 상황과 행위에 관해서 이야기해줄 수 있는 사람이다. 동질적인 존재가 아니라 자신에게 다른 시각을 제시해줄 수 있는 존재, 이질적인 이 세계를 만날 수 있게 해주는 존재인 셈이다. 나의 세계는 내가 좋아하는 것과 싫어하는 것의 가짓수가 아니라, 내 옆에 있는 친구들의 다양성에 의해 풍성해진다.

이 문장을 조금 더 자세히 살펴보면 '친구에게 꼰대 되지 않는 법'에 관해 구체적이고 세심하게 서술하고 있음을 알 수 있다. 《논어》의 원문을 풀어주는 주석의 주석인 《논어집주비지》에 따르면 친구에게 진심을 담아 말을 잘한다는 건 친구를 앞질러서 아는 척하는 것이 아니라, 뒤따라가듯 조심스럽고 차분하게 얘기해주는 것(종용從容)이다. 또 무섭게 다그치는 것이 아니라, 따뜻하고 정답게 말하는 것(화기和氣)이며 추상적이고 현학적으로 나무라는 것이 아니라, 자세하게 엇나간 부분을 명확하게 짚어주는 것(위곡委曲)이다. 그렇다고 아무 때나 말을 내지르면 안 되고 적당한 틈을 타서 완곡하게 이야기해야(풍유諷諭) 한다. 내 멋대로 다시 해석해보자면 아는 척하지 말고, 잘난 척하지 말고, 온 진심으로 상대를 위해서 생각하고 말하라는 뜻이다. 이질적인 존재가 만나는 건 예나 지금이나 쉬운 일이 아니었기 때문에 심혈을 기울여야만 했다. 이만큼은 수고스러워야 비로소 이질적인 존재들이 서로를 품으며 함께 살아갈 수 있는 것일 테다.

우정과 관련된 한문을 하나씩 읽어간 지 세 달이 됐을 때 친구들과 등산에 나섰다. 시즌마다 등산을 한 번씩 꼭 다녀왔는데, 지우가 온 뒤로 나의 등산 수업에서 가장 큰 걱정은 지우였다. 지우가 발산하는 힘이 좋았던 건 스스로 주체하기 어려울 정도로 넘치는 에너지를 가지고 있었기 때문이다. 그는 교실에 궁둥이를 붙이고 있을 때와 흙 위에 발을 딛고 서 있을 때 완전히 다른 사람이 됐다. 산에서 지우는 발에 날개라도 달렸나 싶을 정도로 곳곳을 누비고 다녔다. 아무리 달려도 숨이 차지 않는 지우를 보고 있으면 나는 기가 찼다. 한눈을 팔면 저 멀리 올라가 "빨리 좀 오세요!" 하고 소리 지르거나, 걸핏하면 내 시야에서 사라졌다. 타이르거나 소리치고, 칭찬하거나 혼을 내며 같이 가자고 말해도 지우는 산이 떠나가게 "싫어요!" 하고 소리 지르거나 방실방실 웃으며 "싫은데요?" 하며 저 앞으로 뛰어가버렸다.

　　지우를 이해하지 못하는 건 아니었다. 나는 그만큼 몸이 튼튼하진 않았지만, 그만큼 의욕은 차고 넘쳤기 때문에 사람들의 앞에 서서 "빨리 오라니까!" 하고 외친 적이 많았다. 그러나 모든 친구가 지우처럼 힘이 넘치거나 나처럼 과도한 의욕을 가진 건 아니었다. 몸이 좋지 않고 허약한 친구들도 있었고, 만사가 느긋하고 여유로운 친구들도 있었다. 돌부리마다 걸려 넘어지려는 친구, 작고 가벼운 가방을 메고도 언덕길을 오르기 버거워하는 친구, 나무에 걸려 있는 등산객의 흔적들을 하나하나 확인해보는 친구, 새소리가 들리면 발걸음을 멈추는 친구도 있었다. 속도가 다 다른 열댓 명의 친구가 산을 함께 오른다는 건 쉽지 않다. 나는 멀어져가는 지우를 붙잡으며("지우야! 거기까지 가면 안 돼! 얼른 돌아와!") 동시에 헉헉거리는 친구를 격려하고("거의 다 왔어. 조금만 더 가볼까?"), 호기심이 많은 친구에게도 응답해야 했다("와, 그러게~. 무슨 새일까? 너무 아름답다!").

　　그런데 친구에 관해 공부하고 난 뒤, 지우는 등산에서 이전과 완전히 다른 모습을 보여줬다. 그는 처음으로 나를 앞지르지 않았다. 심지어 이번에 그는 맨 앞이 아니라 맨 뒤에서 산을 올랐다. 그것도 가장 산 오르기를 버거워하는 친구를 끌어주면서 말이다. 이야기의 반전을 위해 꾸며내는 것처럼 보이겠지만, 그때 지우는 정말 그랬다. 내가 특별히 언질을 준 것도 아니었는데 갑자기 올라가는 내내 돌부리에 자꾸 발이 채는 친구의 옆에서 산을 탔다. 지우가 가방도 들어주고 손도 잡아준 덕에 그 친구는 뒤처지지 않았고, 산 타는 일이 괴롭다며 포기하려 들지도 않았다.

그후로 지우가 이만큼이나 감동적인 모습을 또 보여주진 않았다. 고학년 때까지 나의 수업에 들어온 지우는 언제나 하고 싶은 것도, 하기 싫은 것도 많은 친구였다. 그래도 하나 확실히 달라진 게 있었다면, 그가 예전만큼 다른 친구들을 잊고 자기 의사만 고집하지는 않았다는 거다. 여전히 에너지가 넘치고 목소리가 크지만, 자기 옆에 자신과 연결된 또 다른 친구들이 있다는 것을 어렴풋이 알게 된 지우를 보며 함께 수업했던 선생님과 나는 조심스럽게 이런 결론을 내렸다. 친구들이 우정에 대해 익혔던 문장을 진심으로 이해한 어떤 순간이 있었던 것 같다고, 동양 고전에는 그런 힘이 있는 것 같다고 말이다. 어쩌면 지우는 한문 수업을 통해 자신의 속도가 다른 친구들을 위축시키고 조급하게 만들기도 했다는 걸 알게 된 건 아니었을까? 자신이 가진 힘으로 다른 친구들을 일으켜 세울 수 있다는 것을 알게 된 건 아니었을까? 수업에서 무언가를 하고 싶다면 홀로 앞서 나갈 것이 아니라 옆 사람들과 발맞춰 걸어야한다는 걸 익히게 된 건 아니었을까?

2

혼자가 될 수 없었던 나날

# 고립되지 않는 다정한 인간

"어디야, 동은아?"

내가 살면서 누군가의 현재 위치를 가장 많이 물어본 대상은 엄마나 아빠도, 동생이나 애인도 아닌 친구 동은이다. 동은은 나와 동갑으로, 이 책의 〈쓸고 닦고 환대하기〉에 등장하는 100일 수행의 주인공이기도 하다. 집이 바로 앞이면서 매번 10분씩 늦는 동은의 습관을 고치기 위해 시작됐던 100일 수행을 시작으로 우리는 꽤 많은 일을 같이했다. 친구들과 함께 길드다를 3년간 운영하고, 그 뒤로는 2년간 초등학생 한문 수업을 둘이 전담했다. 같이 일하게 된 뒤부터 동은이 제시간에 도착하지 않아서 생기는 선생님들의 꾸지람, 늦어지는 일 처리는 더 이상 동은만의 일이 아니게 됐다. 인문학 공동체에 들어오면서부터 가뜩이나 글도 못 쓰고 공부도 못하는 사람이 되어버렸는데, 동은과 함께 일하면서부터는 제때 할 일을 못 끝내는 불성실한 사람까지 될 것 같았다. 나는 눈에 불을 켜고 아침마다 동은을 재촉했다. "동은아, 일어났어?"

매일매일 시간표 짜기가 취미일 정도로 각 잡힌 삶이 익숙했던 나에게 동은은 쉽게 이해하기 어려운 존재였다. 그는 늘 정신없이 바빴다. 자기 할 일이 많아도 누군가가 도움을 요청하면 그냥 지나가는 법이 없었다. 가방을 메고 급하게 어딘가로 향하다가 누군가에게 붙잡히면, 허둥거리고 식은땀을 흘릴지언정 자신을 부른 이를 모르는 체하지 않았다. 재밌어 보이는 일이 있어도 마찬가지였다. 공동체 사람들이 모여서 양파를 까고 있으면 마감인 글이 있어도 꼭 그 사이를 비집고 들었고, 책상에 앉아서 할 일을 하다가도 어디선가 시끌벅적한 소리가 들려오면 자연스레 그곳으로 향했다. 세미나를 할 때도 우리는 많이 달랐다. 그는 가끔 세미나 책 발제 중 몇 구절을 건너뛰고 내용을 정리해왔다. 공부 공동체에서 책을 제대로 읽는 건 무척 중요한 일이다. 그러므로 나였다면 얼굴이 시뻘게지고 큰 잘못을 한 사람처럼 식은땀을 흘리며 안절부절못했을 텐데, 동은은 능숙하게 상황을 넘겼다. "이게 왜 빠졌을까~? 좀 이따가 같이 봐요. 헤헤." 그의 넉살에 선생님들은 가

끔 크게 혼을 냈고, 대개는 너털웃음을 지으며 넘어갔
다. 내게 동은은 듣도 보도 못한 인간형이었다.

　　나는 어려서부터 "너는 어딜 가서 뭘 해도 잘하겠
구나" 하는 소리를 들으며 자랐다. 대안학교에 진학하
고 대학을 자퇴한 탓에 21세기 한국사회 맞춤형 인재
가 될 수는 없어졌지만, 성향 자체는 사회에서 효율을
내기 좋은 편이었다. 사람들은 내가 주변에 무슨 일이
있어도 신경 쓰지 않는 모습을 보고 집중력이 좋다고,
괜히 실없는 소리 하지 않고 조용히 할 일만 하는 모습
을 보고는 자기 주도적인 사람이라고 생각하는 듯했
다. 만일 이 같은 경제적 잣대를 나와 동은에게 들이댄
다면 나는 독립적이고 효율적인 사람으로, 동은은 감정
적이고 비효율적인 사람이 되어야 했다.

　　우리는 동갑내기였고, 함께 일하는 사이였으므로
나는 그에게 계속 화를 내거나 채근할 수 없었다. 어떤
방식으로든 동은을 이해할 필요가 있었다. 나는 갖가지
분류법이 유행할 때면 그것을 우리에게 적용해보곤 했
다. 많은 분류법이 개인의 고유한 특성을 파악하는 데
사용된다. 그러나 우리의 삶이 진공상태의 실험실이 아
니니, 독립적이고 개별적인 인간이 갖는 '개인의 고유
한 특성'은 큰 의미가 없지 않을까? 나는 분류법을 동
은과 나의 관계를 해석하는 도구로 사용해봤다. 가령
MBTI에 따르면 동은이는 외향직관(Ne)과 내향감정(Fi)

을 주로 쓰기 때문에 느끼는 것들이 빠르게 전환되고 통통 튀어 다니는 반면, 나는 내향직관(Ni)과 외향사고 (Te)를 잘 사용하기 때문에 내 직감을 따라 일을 빠르게 추진했다. '아, 그래서 동은은 언제나 사람들과 대화할 거리가 넘쳐났지만("저 고양이 좀 봐봐!", "아 나는 그 빵 싫어. 텁텁해서 맛이 없어"), 나는 일과 관련된 주제가 아니면 입을 잘 열지 않았구나.'

또 사주를 보면 동은은 밖으로 표출되는 기운인 식상(食傷)이 많고 관성(官星)이 부족하지만 나는 반대로 책임감과 깊은 관련이 있는 관성이 많고 식상이 없었다. 그러니까 그는 자기를 표현하는 데 거리낌이 없는 대신 체면 차리기에 서툴렀고, 나는 스스로를 잘 제어하는 대신 내 생각을 표현하기 어려워했다. '아, 그래서 동은은 앞서 있던 일을 금방 털어내고, 다른 것에 흥미를 보이며 탄성을 지를 때("우와, 선생님 저 사과 좀 보세요! 어떻게 저렇게 빨갛지?") 나는 참거나 속내를 잘 드러내지 않았던 거구나.' 우리가 함께한 것은 공부와 일이었지만, 나는 마치 첫 연애를 하는 것처럼 우리 사이를 하나하나 뜯어보며 이해하려고 했다.

그러나 셀 수 없이 많은 "동은아, 어디야?"를 외치고 새로운 분류법이 유행할 때마다 찾아봐도 크게 달라지는 건 없었다. 점점 더 우리가 많이 다르다는 것만 확인할 뿐이었다. 이 문제를 새로운 각도로 볼 수 있게 된 건 비인간동물을 공부하는 세미나 덕분이었다. 생물이 살아가고 진화하는 과정을 이해하는 일은 비인간동물을 이해하는 데뿐만 아니라 인간사회를 이해하는 데도 큰 도움이 되기에, 길드다에서 이와 관련한 세미나를 기획하고 진행했던 터였다. 여기서 우리는 《다정한 것이 살아남는다》를 함께 읽었다.

어떤 사람들은 생물이 적자생존과 경쟁을 통해 진화한다고 주장한다. 그러나 《다정한 것이 살아남는다》의 저자인 브라이언 헤어(Brian Hare)와 버네사 우즈(Vanessa Woods)는 적자생존이 절대적인 생존 전략일 리가 없다고 말한다. 공격성이 높을수록 오히려 비용이 더 많이 들기 때문이다. 자칫 잘못했다간 "'더럽고 잔인하고 짧은' 인생으로 끝낼 수도 있다".* 그렇다면 이 책의 저자들이 적자생존 혹은 경쟁의 자리에 대신해서 놓는 것은 무엇일까? 다름 아닌 다정함이다. 그들은 다정함 같은 협력적 의사소통 능력이야말로 자연에 보편적으로 존재하는 매우 강력한 속성이자 아주 오래된 전략이라고 소개한다.

대개 가축화는 인간에게만 이로운 일, 인간 중심적인 일로 여겨진다. 인간이 경제적 혹은 심리적 필요

* 브라이언 헤어·버네사 우즈, 《다정한 것이 살아남는다》, 이민아 옮김, 디플롯, 2023, 20쪽.

로 동물을 가두어서 그들의 야생성을 위축시킨다고 말이다. 그러나 이 책은 가축화를 다른 관점으로 생각해보자며 대표적인 가축종인 개에 대한 연구를 소개한다. 사람이 늑대를 길들여서 개를 만든 것이 아니라, 친화력 좋은 늑대들이 유리한 생존 방식을 택하면서 스스로 가축화됐음을 밝혀낸 연구다.

> 사람에게 다가왔던 늑대들이 그러지 않았던
> 늑대들보다 친화력이 강한 선택압으로 작용할
> 정도의 큰 이익을 누렸다는 사실을 기억하자.
> (중략) 어떤 종 안에서 관용과 친화력을 지닌
> 개체군이 살아남는 자연선택이 일어났는데, 그
> 형질 변화가 사람과 친해지기 위해서가 아니라
> 그 집단 내부에서 살아남기 위한 것이었다면,
> 이 또한 자기 가축화를 이끌어내는 동력이 되지
> 않을까?*

작년 가을, 우리 집 작은 마당에 느닷없이 한 뼘 정도 되는 새끼 고양이가 홀로 등장했다. 처음엔 쓰레기통을 뒤지는 모습이 안쓰러워 밥을 챙겨주었는데 언젠가부터 전세가 역전되기 시작했다. 다들 아침 일찍 집

---

\*     같은 책, 98쪽.

을 비우고 남은 한 사람마저 늦잠을 자고 있을 때, 이 고양이는 창문 앞으로 올라와 "먕~ 먕~" 하며 밥을 달라고 협박하는 지경에 이르렀다. 우리의 작은 집은 이미 인간 넷과 개 셋으로 포화 상태인 데다가, 엄마가 고양이를 좋아하지 않았고 아빠는 이미 노견인 강아지들을 돌보는 것만으로도 힘들어했으므로 사실상 이 집에 고양이가 들어오기는 불가능했다. 그러나 이 작은 생명체는 2주가 지나도록 마당을 떠나지 않았고, 자꾸 눈에 띠며 호기심과 동정심을 자극한 끝에 추운 겨울이 되기 전에 보호자와 보금자리를 얻어낼 수 있었다. 인간을 간택하는 건 길고양이만이 아닐지도 모른다. 인간이 비인간동물을 택하고 가둔 것이 아니라, 비인간동물이 인간을 택했을 수 있다.

어쩌면 가축화에 대한 부정적인 시각이야말로 모든 일의 원인이 인간이라고 여기는 인간중심적 사고일지도 모른다.《다정한 것이 살아남는다》에서 소개한 실험을 보면, 친화력 좋은 여우들은 몇 세대 만에 인간과 데면데면한 여우들과 다른 형질 변화를 이뤄낸다. 수세대에 걸쳐 가축화된 그들은 스트레스 호르몬의 수치가 급격히 감소했고, 한 달 이르게 성체가 됐으며, 높은 번식 성공률을 보였다. 가축화 과정에서 발달하는 능력 중 저자들이 가장 중요하게 생각하는 것은 타인과 협력하고 소통하는 능력, 즉 친화력이다. 두려움이나 긴장과 같은 제약에서 벗어나 협력적인 파트너들과 문제를 함께 풀어가는 능력 말이다. 저자들은 인간 역시도 자기 가축화를 통해 인지 능력을 갖게 됐을 것이라는 가설을 제시한다. 그러니까 친화력이야말로 다른 인간종이 멸종하는 와중에 호모 사피엔스를 번성하게 한 초강력 인지 능력이었다는 것이다.

친화력이 어떤 생존적 이점을 가져다준단 말인가? 그런데 가만 생각해보면 친화력은 분명 '능력'이다. 친화력을 통해 협력적으로 의사소통을 할 경우, 우선 협응 능력을 갖출 수 있다. 전혀 본 적이 없는 사람과도 공동 목표를 성취하기 위해 함께 일할 수 있게 된다. 또 친화력은 모든 문화와 학습의 기반이 되므로, 뛰어난 문화와 기술을 발명할 수 있게 돕는다. 게다가 친화력을 통해서 타인의 의도·생각·감정을 읽는 능력을 기를 수 있는데, 이 능력은 인간의 신체적 나약함을 보완하는 훌륭한 역할을 한다. 이외에도 모르는 사람에게 친절을 베풀거나 돌보는 능력, 타인과 친구가 되거나 한번도 본 적 없는 이들을 사랑할 수 있는 능력도 분명 멋진 '능력'이다.

독립적으로 일을 하는 사람, 아등바등해서라도 성과를 내는 사람은 그 능력을 인정받기가 쉽다. 그에 반해 상대방을 살피고, 친절을 베풀고, 쉽게 친구가 되는 능력은 과소 평가된다. 오히려 그와 같은 호혜로움은 독이 된다고 여기고, 더 냉정하게 앞가림해야 한다고 생각한다. 그러나 사실 우리 인간종이 살아남은 것은 "똑똑해졌기 때문이 아니라 친화적으로 진화했기 때문이다".* 《다정한 것이 살아남는다》에 따르면 우리 인간종은 친화적으로, 그러니까 두려움과 공격성을 덜 느끼도록 진화되어왔다. 그렇다면 나와 동은, 둘 중 진화의 정수를 가지고 살아가는 사람이 누구일까? 일단 나는 아니다.

나는 입버릇처럼 이 사회가 전쟁터 같다고 말하는 사람이었다. 스스로 다그치고, 극심한 긴장 상태로 나를 내몰았다. 가족, 친구, 연인, 공동체 사람을 쉽게 잊었고, 주위에 동료가 한 명도 없는 것 같다고 느꼈다. 좋은 성과를 내도, 그러니까 중학교에서 선생님들의 칭찬을 받고, 고등학교에서 풍물 동아리 부장이 되어 가장 작았던 동아리를 가장 큰 동아리로 부흥시키고, 대학에서 수석과 차석을 연이어 해도 크게 기쁘지 않았다. 내가 느끼는 건 '뒤처지지 않았다' '낙오하지 않았다' '실패하지 않았다'는 안도감 정도였다. 공동체에 들어와서도 그 생각 버릇은 크게 달라지지 않았다. 오히려 공동체 사람들과 어긋남이 발생하거나 공부가 잘되지 않을 때면 혼자라는 생각이 더 굳건해졌고, 나를 다

---

*     같은 책, 123쪽.

그치기 바빴다.

　내가 아무리 동은보다 일 처리가 빠르고, 글을 조금 더 많이 쓸 수 있고, 책을 좀 더 정확하게 읽을 수 있다고 하더라도 동은만큼 '잘 살기'는 불가능하다. 내가 긴장을 유지하고 스스로 압박하며 앞으로 달려 나갈 수 있게 하는 능력은 나를 쉽게 고립시키기도 했다. 나는 자주 사람들에게 인정받지 못한다고, 나를 도와줄 이가 없다고 느꼈다. 문제가 생기면 마음의 빗장을 걸어 잠그고 내 안으로 침잠하기 일쑤였으며, 문제가 근본적으로 해결되지 않으면 고립감은 점점 깊어졌다. 그러나 살면서 혼자 해결할 수 있는 문제는 그리 많지 않다. 내가 동은을 이해하지 못했던 것처럼, 동은은 나의 이런 모습을 이해하기 어려워했다. 그는 내게 자꾸 스스로를 다그쳐서 혼자가 되려고 한다고, 그렇게 살면 힘들지 않냐며 안쓰러워했다.

　동은이가 안쓰러워한 건 나뿐만이 아니었다. 그는 어려움에 처한 사람의 이야기를 들으면 자기 일처럼 공감해줬고, 자기가 맛있게 먹은 것이나 즐겁다고 생각한 것은 주변 사람들에게 (주변 사람들이 좋아하든 말든) 꼭 나누고자 했다. 누군가 뭘 하고 있으면 뭘 하고 있는지 물었고, 자연스레 그 틈에 끼어서 양파도 깎고 청소도 했다. 동은이 등장하면 그곳이 어디든 시끌벅적해졌다.

　사실 동은은 내가 알아채지 못한 사이에 이미 특

유의 붙임성과 공감 능력, 즉 고도로 발달한 친화력으로 많은 일을 멋지게 해내고 있었다. 나는 일이 제대로 되지 않아 화가 나고 답답하다가도, 내 이야기를 들으며 상기되는 동은의 얼굴과 나를 이해해보려는 그의 심성을 보면 마음이 사르르 녹았다. 그러면 신기하게도 다시 또 힘내서 일을 할 수 있었다. 그렇게 동력이 생기면 일은 순조롭게 진행됐고, 설령 어딘가 틀어지고 문제가 생기더라도 금세 털고 일어날 수 있었다. 함께 초등학생 한문 수업을 할 때, 동은은 금방 학부모들과 가까워지며 수업에 활기를 불어넣었다. 나는 그 덕분에 지연(가명)의 어머니가 BTS 팬클럽 아미(ARMY)의 일원이라는 사실을, 동우(가명)가 어머니와 함께 주말이면 환경 캠페인을 벌인다는 사실을 알게 됐다.

어느 날 대화를 하다가 동은은 나와 달리 '어떻게든 살아남아야 한다'는 생각을 거의 하지 않는다는 사실을 알게 됐다. 동은의 세상은 나의 세상만큼 각박하지 않았다. 내가 혼자라는 착각 속에서 경직되어 있을 때, 그는 많은 사람과 함께 웃으며 긴장을 풀고 협력 관계를 만들었다. 내가 고민거리를 해결하기 위해 혼자 아등바등할 때, 그는 사람들과 이런저런 이야기를 나누며 문제를 자연스럽게 풀어갔다. 무엇보다 동은은 그 모든 것을 혼자 하거나, 혼자 누리지 않았다. 딱딱하게 굳은 나를 유연하게 만들어주는 것도, 난관에 부딪혀 혼자 괴로워하는 나에게 함께 이야기하자고 나를 끄집어내는 것도 동은이었다. 동은은 그동안 스스로를 긴장감 속에서 몰아붙이는 내 옆에서 사람들과 함께 나누는 것이 더 잘 살 수 있는 방법이라는 사실을 깨우쳐주고 있었다.

# 의지적 인간의 의지하는 글쓰기

문탁네트워크와 길드다에서 하는 공부는 즐거웠다. 공부를 제대로 하지 못한다고 혼이 나더라도, 혼자서 공부하는 시간만큼은 행복했다. 머릿속에 복잡하게 나열된 단어와 문장이 밥을 먹다가, 길을 걷다가, 다른 책을 읽다가 한 줄로 정리가 되면 희열을 느꼈다. 글쓰기도 그럴 줄 알았다. 누군가는 글을 쓰면 살 것 같다고, 쓰지 않는 삶을 상상할 수 없다고 하기에 나도 그런 사람일 줄 알았다. 글쓰기 수업을 따로 받은 적은 없었지만, 내게 글쓰기는 낯선 영역이 아니었다. 학교에서 글 쓸 일이 생기면 같은 반 친구들은 몸을 배배 꼬며 시간 채우기를 괴로워했는데, 나는 시간이 부족해서 끝까지 연필을 내려놓지 않았다. 대단한 재능이 있었기 때문은 아니었다. 노래를 자주 듣는 친구들이 노래방 가는 게 어색하지 않듯, 나는 남들보다 책을 조금 더 읽었으므로 글을 쓰는 게 낯설지 않을 따름이었다.

그런데 문탁네트워크에서 하는 글쓰기는 어딘가 좀 달랐다. 글을 쓰는 게 너무 괴로웠다. 이전과 다른 게 뭘까 생각해보니, 글쓰기에 의도가 있느냐 없느냐 하는 차이가 있었다. 가령 논술 대회에는 문제와 지시문이 있었다. 그 의도에 맞게 구조를 잘 짜고, 배분을 잘하고, 문장을 명확하게 쓰면 됐다. 산문 대회나 대학 과제에는 명확한 지시사항이 없었지만, 은연중에 숨겨진 의도가 있었다. 학창 시절 도에서 열린 산문 대회에서는 사람들이 좋아할 만한 감동적인 이야기를 쓰면 됐고, 대학 수업의 리포트에는 교수님이 자주 강조했던 부분이 잘 드러나도록 글을 끌고 가면 됐다. 그런데 문탁네트워크에서는 글의 방향성을 암시해주지 않았다. 그전까지 내게 글쓰기란 주어진 의도를 질서정연하게 드러내면 되는 명확한 일이었는데, 문탁네트워크에서 글을 쓸 땐 모든 게 불명확하게 느껴졌다. 특히 《다른 이십대의 탄생》(북드라망, 2019)이라는 책을 공동 저술할 때는 더욱더.

우리는 매주 두 시간씩 모여서 글을 봤다. 여기서 '우리'란 길드다 네 명의 친구와 문탁네트워크에서 파견된 글쓰기 선생님 두 분을 말한다. 인문학 공동체에서 공부를 시작한 지 6년 차, 함께 공부한 친구들과 길드다를 꾸린 지 1년 차였다. 우리의 목표는 멤버 중 20대인 나와 동은, 지원 셋이서 에세이 책 한 권을 완성하는 것이었다. 어떻게 대학을 자퇴하고, 혹은 가지 않고 인문학을 업으로 삼게 됐는지에 대한 이야기를 담으면 됐다. 선생님들은 우리에게 딱 1년만 만나자고 했다. 나와 지원은 여섯 꼭지씩, 동은은 네 꼭지를 쓰면 됐으므로 작업이 그리 길어지지 않으리라 예상한 것이었다. 하지만 일은 뜻대로 굴러가지 않았다. 한 달에 적어도 원고 하나씩은 완성하기로 했는데, 우리 세 사람은 피드백 모임을 시작하고 두 달이 지나서야 간신히 첫 원고를 완성했고, 초고가 나오기까지는 1년 반이 넘게 걸렸다. 그 과정이 어찌나 더뎠던지, 선생님들은 종종 이렇게 탄식하곤 했다. "아이고, 다른 20대 탄생하기 정말 어렵네!"

우리 셋은 각기 다른 이유로 글을 빨리 내지 못했다. 목수인 지원은 목공 작업이 바빠서 글 쓸 시간을 내지 못했고, 규칙적인 생활이 힘든 동은은 글을 제때 들고 오기 힘들어했다. 나는 시간도 많이 냈고, 제때 원고도 들고 왔는데 글에 진도가 나가지 않았다. 글의 주제, 문단, 구성, 개중 어느 것도 명확한 게 없었다. 모두가 내 글을 보며 어쩔 줄 몰라 했고, 그런 상황이 1년 넘게 반복되자 나는 점점 작아져갔다. 글을 피드백하는 시간이 되면 덜덜 떨었고, 피드백을 받은 후 다시 그 글을 마주해야 할 때면 저 멀리 도망가고 싶었다.

수렁에 빠져 허우적거리고 있었던 그때 내게 동아줄이 되어준 건 《장자》였다. 《장자》는 오늘날 《노자》와 함께 도가의 고전으로 엮이는 책 중 하나다. 도가는 흔히 유가와 대적하는 사상으로 널리 알려져 있어 누군가는 '아니, 유교걸이 《장자》를 읽어?'라고 생각할지도 모르겠다. 그러나 사실 이같이 엄연한 학파 구분은 전한 시대 초에 만들어졌다. 공자나 장자의 말이 글로 옮겨지던 시기에는 그러한 구분이 없었을뿐더러, 학파가 구분되어 불리는 오늘날에도 어떤 학자들은 도가와 유가를 적대적인 관계로 볼 수 없다고 이야기하기도 한다. 나는 실제로 《장자》를 읽으며 이 책이 《논어》와 어떤 차이가 있을지언정, 정반대는 아닐 수도 있겠다고 생각했다. 두 책에는 모두 고대 사유의 매력적인 부분이 있었고, 어떤 면에서는 서로를 보완해줄 수도 있을 것 같았다. 물론 《장자》에는 '공자와 그 제자들'을 타깃으로 비판하거나 풍자하는 부분이 있는데, 그런 내용은 주로 후대에 덧붙었다고 알려진 〈외편〉과 〈잡편〉에 실려 있다. 즉, 〈외편〉과 〈잡편〉의 내용만으로 장자와 공자가 오래도록 대립해왔다고 보기는 어렵다. 이것은 (역사적 '기념비'가 되어가고 있는 오늘날 동양 고전과 달리) 〈외편〉과 〈잡편〉이 더해졌을 그 후대에도 장자와 공자가 생생한 존재였다는 점을 방증할 뿐이다.

우화집 같아 보이는 《장자》에는 재밌는 일화가 많다. 어느 날, 노련한 목수 석이 사당을 지나가다 큰 상수리나무를 만났다. 나무가 어찌나 크던지 그늘에 수천 마리의 소가 들어갈 정도였다. 주위에는 상수리나무를 보기 위해 몰려든 구경꾼들이 많았는데, 석은 살펴보지도 않고 그냥 지나갔다. 석의 제자는 넋을 놓고 나무를 보다가 뒤늦게 스승을 쫓아왔다. 그리곤 저렇게 아름다운 나무를 처음 봤다고 호들갑을 떨며, 석에게 나무를 한 번도 들여다보지 않은 이유를 물었다. 그러자 석은 이렇게 대답했다.

> "됐다. 그만두어라. 쓸모없는 나무다. 배를 만들면
> 가라앉고, 널을 짜면 금방 썩고, 그릇을 만들면
> 쉽게 부서지고, 문짝을 만들면 진액이 흐르고,
> 기둥을 만들면 좀이 슬 것이다. 재목감이 아니다.
> 그래서 저렇게 오래 살 수 있었던 것이다."[*]

석은 워낙 베테랑 목수였기 때문에 그 나무를 자세히 살펴보지 않고도 판단할 수 있었다. 그의 말에 따르면 나무가 저렇게 커다래질 수 있었던 건, 누구도 잘

---

[*]    장자, 《낭송 장자》, 이희경 옮김, 북드라망, 2014, 64쪽.

라 쓸 필요가 없었기 때문이다. 쓸모없는 나무가 괜히 몸집만 불린 것이니 거들떠볼 가치도 없단 말이다. 그 날 밤, 석의 꿈에 바로 그 상수리나무(a.k.a. 쓸모없는 나무) 가 나온다. 아무래도 석이 자신에게 붙여주었던 별명 이 마음에 들지 않았던 모양이다. 사실 석이 내린 '쓸모 없다'는 판단은 오로지 인간, 그것도 목수인 석의 기준 에만 맞다. 나무의 입장에서 보면 이렇다. 아가위나무, 배나무, 귤나무, 유자나무 같은 나무들은 과실이나 열 매가 익으면 사람들이 달려들어 큰 가지가 꺾이고 작 은 가지는 찢긴다. 빨리 썩지 않는 나무는 관이나 곽으 로 만들어지기 위해 베이고, 수액이 나오지 않는 나무 는 대문이나 방문으로 사용되고, 좀이 먹지 않는 나무 는 기둥이 되기 십상이다. 석이 말하는 쓸모 있는 나무 는 그 쓸모 때문에 불행해진다.

"자신의 능력 때문에 삶이 고통스러운 것이다.
그래서 타고난 수명을 다하지 못하고 중도에
요절한다. 세상의 공격을 자초한 셈이다. 만물
중 그렇지 않은 것은 없다. 나는 오랫동안
쓸모없기를 바랐다. 몇 번이나 죽을 뻔하다가
이제 겨우 쓸모없게 되어서 그것이 큰 쓸모가
됐다. 만약 내가 쓸모가 있었다면 이처럼 클 수
있었겠느냐?"*

책을 함께 쓰면서 나는 글쓰기 능력이 부족하기 때문에 고통스럽다고 생각했다. 문장력이 더 좋았다면 어휘를 더 풍부하게 쓸 수 있었을 텐데, 감성과 상상력이 풍부했다면 흥미로운 글을 쓸 수 있었을 텐데. 그래서 어휘를 늘리고, 문체를 바꾸고, 구조를 손보고, 할 수 있는 모든 방법을 동원해 글 쓰는 능력을 키우고자 했다. 글을 더 잘 쓴다면 나는 분명 행복해질 수 있을 테니까. 그러나 상수리나무는 나와 달리 쓸모없어지는 삶을 산 존재다. 능력 때문에 세상의 공격과 고통을 감내해야 했던 다른 나무들과 다르게 그는 어디에도 쓰이지 않음으로써 수명을 제대로 누릴 수 있었다. 이것이 바로 그 유명한 《장자》의 '무용지용(無用之用)', 즉 '쓸모없음의 쓸모'이다.

그렇다면 상수리나무는 쓸모 있는 존재가 아니라 쓸모없는 존재가 되라고 말하는 걸까? 꼭 그렇지도 않다. 상수리나무의 이어지는 말은 다음과 같다.

> "또한 너나 나나 모두 사물인데, 사물이 사물을 어떻게 평가한다는 말이냐?"**

---

\*    같은 책, 64쪽.

\*\*   같은 책, 64쪽.

《장자》는 말을 배배 꼬면서 생각을 배배 꼬게 만드는 희한한 책이다. 상수리나무 역시 마지막에 아리송한 말을 던지며 다시 한번 생각의 전복을 요구한다. 이때 "평가한다"라고 번역된 한자는 '상(相)'인데 여기서는 판단, 분별과 같은 뜻으로 쓰였다. 내 마음대로 해석해보자면 이렇다. "너도나도 그저 이 우주에 살고 있는 하나의 존재일 뿐인데, 무엇을 자꾸 분별하려고 드는 것이냐?" 문제는 쓸모가 있느냐, 없느냐가 아니다. 쓸모가 있어서 무언가에 사용되다가 죽든, 쓸모가 없어서 수명을 다하여 죽든, 우리 모두는 결국 죽고 마는 존재다. 얼핏 보면 허무주의처럼 보이지만, 실은 그렇지 않다. 원래부터 좋고 나쁜 것이 있었던 것이 아니라, 무엇이 좋고 무엇이 나쁘냐를 가르는 '분별'이 좋고 나쁨을 만든다는 뜻이다. 문제가 있어서 분별하는 것이 아니라, 분별을 해서 문제가 생기는 것이다. 문제와 분별은 태생부터 떼려야 뗄 수 없는 사이다. 그러니까 우리는 살아가는 중에 너무 많은 것들을 나누고, 차등을 매기고, 분별하고 평가하며 우리의 존재를 납작하게 만든다. 목수 석이 사당의 큰 나무를 보고 단박에 '쓸모없다'고 분별하는 바람에 그 나무가 가진 '쓸모없음의 쓸모'를 전혀 알아챌 수 없었던 것처럼 말이다.

상수리나무의 마지막 말에 나는 뜨끔할 수밖에 없었다. 나야말로 분별에 특화된 사람이었다. 내가 이전까지 글을 쓰며 좋은 평가를 받을 수 있었던 건 출제자의 의도를 명확하게 분별하고, 그에 따라 어떤 가치들에 차등을 두고, 적절히 말을 꾸밀 줄 알았기 때문이었다. 그러니 문탁네트워크에서 의도를 분별할 필요가 없는 글을 써야 하자 곧바로 미끄러져 아무것도 쓸 수 없게 된 것이었다. 심지어 그 상황에서조차 나는 새로운 방법을 사용해서 불명확한 것을 명확하게 만들어야 한다고, 분별하고 또 분별하면 글을 못 쓰는 괴로움에서 벗어날 수 있으리라고 생각했다. 그래서 어떤 날은 1주일 만에 글을 완전히 엎고 새로 써갔고, 어떤 날은 좋은 글을 읽으며 문체를 다듬었고, 어떤 날은 손으로 글을 쓰고 타자로 옮겼다. 때로는 '단어(어휘력)의 문제인가? → 아니오 → 문장이 뚝뚝 끊기는가? → 네'와 같이 명확한 알고리즘을 만들어내기도 했다.

이 시도 중 어떤 것도 제대로 통하지 않았던 건, 《장자》에 따르면 순서가 잘못됐기 때문이다. 괴로움은 글을 못 쓴다고 생각한 분별 자체로부터 온 것이다. 글을 잘 못 쓰고 있다는 생각은 사실 글을 잘 써야 한다는 생각과 다름없다. 글을 잘 써야 한다는 생각으로 인해 특정한 기준에 맞는 쓸모 있는 사람이 되어야 한다는 강박에 사로잡혔다. 나는 계속 경직되고, 새로운 분별을 하게 됨으로써 문제 상황에서 한 발짝도 나아갈 수 없었다. 내가 만든 수렁에 더욱더 깊이 빠져들었던 것이다. 그렇다면 상수리나무를 따라 글을 잘 쓴다, 못 쓴다는 분별을 벗어나면 뭐가 남을까? '그냥 쓴다'가 남는다.

글을 못 쓴다고 생각하면 잘 씀과 못 씀을 분별하는 데 집중하게 된다. 반면 분별하지 않고 '그냥 쓴다'고 생각하면 글을 쓰고 있는 이 상황과 관계를 돌아볼 수 있게 된다. 그제야 내가 왜 1년 넘도록 괴로웠는지, 어째서 글이 조금도 나아지지 않았는지 이해할 수 있었다. 《다른 이십대의 탄생》이라는 책을 쓰는 과정은 자전적 에세이나 자서전을 쓰는 일이 아니었다. 매주 글을 쓰고 서로 글을 봐주는 수련의 과정이자, 우리가 어떻게 길드다를 구성하게 됐는지 확인하는 여정이었으며, 지난날을 친구들, 선생님들과 함께 해석하고 이해해가는 집단 서술이기도 했고, 또 글을 올릴 때마다 문탁네트워크의 선생님들이 읽고 댓글을 달아주었으니 그들 모두와 연결되는 시간이기도 했다. 그러나 글에 집착했을 때는 친구들과 선생님들의 피드백이 귀에 하나도 들어오지 않았고, 그들이 내게 무슨 말을 해주는지 이해할 수 없었다. 그들은 내게 한 번도 명확한 기준을 제시하지 않았기 때문에 나는 그들에게 어떤 도움도 받지 못하고 있다고 생각했다. 그러니까 사실상 내가 다른 이들과 전혀 호응을 이루지 못하고 있었고, 그렇기 때문에 글이 써지지 않았던 것이다.

나는 글쓰기를 자족적인 행위라고 여겼다. 혼자 쓰는 시간이 길기 때문이다. 글을 피드백하는 과정이 있어도, 그 글자를 적어 내려간 사람은 오직 나 한 사람이니까. 그러나 《장자》를 읽은 뒤 나는 책상 앞에 앉아 머리를 쥐어뜯는 시간을 줄이고, 대신 글쓰기를 잊을 수 있는 시간을 만들었다. 맛있는 걸 먹었고, 강아지와 놀았고, 예능 프로그램을 보며 박장대소했다. 나의 글을 판단하거나 이상한 알고리즘을 만들어서 새로운 글쓰기 방법을 만들려는 시도도 그만두었다. 그 대신 친구들과 선생님들의 이야기를 이해해보는 데 더 많은 시간을 들였다.

그 과정에서 아주 천천히, 정말 느리게 친구들과 선생님들의 피드백 내용이 귀에 들어오기 시작했다. 글을 쓰는 것도 나이고 글의 주제도 나에 관한 것이었지만, 친구들과 선생님들의 개입을 적극적으로 받아들일 수 있게 되자 글이 풀리기 시작했다. 심지어 스스로 모든 것을 컨트롤할 때보다 동료들에게 기대어 글을 쓸 때 훨씬 즐거웠다. 내가 특정 주제로 글 쓰는 걸 너무 힘들어하자 어느 날은 친구들과 선생님들이 그 주제를 빼는 게 어떻겠냐고 먼저 제안해주기도 했다. 그 제안은 간섭이나 제한처럼 느껴지지 않았다. 괴로운 이유를 말하지 않았지만, 모두가 이미 알고 있다는 걸 느낄 수 있었다. 그렇게 그들과 함께 글을 써가자, 언젠가부터 글이 나를 앞질렀고 나는 그 뒤를 허둥지둥 쫓아갔다. 글은 나도 모르는 사이에 자기 갈 길을 찾아갔는데 돌이켜보면 그 방향은 내가 찾아준 것이 아니라, 이미 나 있었던 것이었다. 내가 이야기를 나눈 친구와 선생님들로부터, 읽은 책으로부터, 만난 사람들로부터, 잘 알지 못하는 누군가의 어떤 영향으로부터 말이다. 어쩌면 글쓰기란 기준에 맞게 구색을 갖춰 말을 만들어내는 일이 아니라, 주변의 상황과 온몸으로 호응하고 있으므로 자연스레 빚어지는 어떤 것인지도 모르겠다고 생각했다.

# Daily Check List

우리는 길드다를 만들기 전부터, 그러니까 우리가 문탁 네트워크에서 공부를 시작했을 때부터 자주 밀양을 찾았다. 765킬로볼트 송전탑이 주민들이 사는 땅 위로 들어서지 않게 하기 위해, 핵발전소 건설을 위한 큰 그림을 저지하기 위해. 결국 밀양에는 송전탑이 들어섰지만, 탈핵 운동이나 주민들과의 관계는 아직 끝나지 않았으므로 우리는 해마다 농활을 핑계 삼아 밀양에 내려갔다. 그날은 오랜만에 만난 마을 어르신들과 밖에서 거나하게 술을 마셨다. 밀양의 여름밤은 어둡고 까맣고 차갑고 서늘하다. 인제 그만 상을 접어야 한다는 걸 모두가 알고 있었지만, 아쉬움에 누구도 일어나지 못하고 있었다. 그 자리를 쉽게 정리할 수 있게 해준 것은 다름 아닌 나와 지원의 싸움이었다. 별다른 사건은 없었다. 그나마 기폭제를 꼽자면 시골의 구수한 냄새, 몽글해져 있는 마음 상태, 차가운 여름 밤공기와 술로 인해 달궈진 뜨거운 체온 정도였을 것이다.

"나는 너를 친구라고 생각 안 해!" "나라고 너를 친구라고 생각하는 줄 알아?" 20대 중후반들이 7년 넘게 봐온 친구와 싸울 때 하는 말이란 고작 이런 것뿐이었다. 서로를 향해 쌓인 서운함을 터뜨리는 중이었고, 유치한 말다툼이 잦아들며 겸사겸사 술자리도 정리가 됐다. 우리는 아무 말 없이 그릇을 주거니 받거니 하며 뒷정리를 했다. 싸움은 싸움이고 뒷정리는 뒷정리다. 그 사이 시골의 밤공기가 코를 통해 들어와 뇌를 깨웠고, 술에서 깬 우리는 각자 잠자리로 돌아가다 말고 누가 먼저랄 것도 없이 와락 포옹했다. 새까만 어둠과 쌀알같이 흩어진 별, 귀뚜라미 소리와 쇠똥 냄새에 둘러싸인 애증의 포옹이었다. 분명 포옹할 때까지만 해도 낭만적인 장면이었는데, 지원의 품에서 벗어나자마자 나는 이 상황이 콩트라는 것을 깨달았다. 우리를 오래 봐왔던 친구와 마을 어르신들이 이 상황을 어이없다는 듯 그저 무시로 일관하고 있었기 때문이다.

사람들은 길드다가 신념으로 똘똘 뭉친 사이라고 생각했다. "이 많은 걸 같이할 수 있는 친구들이 있다니, 참 부러워요." 이런 이야기를 들으면 나와 친구들은 별말 없이 그저 "허허" 하고 웃었다. 영 틀린 말은 아니었지만, 그렇다고 완전히 맞는 말도 아니었다. 우리는 신념을 선택한 적이 없었다. 의미 있는 일을 한다고, 쉼 없이 프로젝트를 진행한다고 기특하게 여기는 사람은 많았지만 그중 우리에게 돈을 주는 이가 거의 없었다. 책을 읽는 프로젝트는 면접관에게 너무 무겁다는 평을 들으며 마을 문화사업에서 떨어졌고, 예술 지원 사업 면접에서는 책을 읽으며 작업하는 게 예술이 맞냐는 질문을 들었다. 돈이나 명성에 구속되지 않는 것은 다행이었으나, 이는 동시에 우리가 신념을 굽히거나 접을 명분이 없다는 것을 의미하기도 했다. 우리는 매번 진심으로 싸우고 또 싸우고, 서로의 신념을 깨고 또 깼다. 그러므로 정확하게 말하자면 우리 손에 남겨질 수 있었던 것은 신뢰뿐이었다.

나는 친구들이 너무 미웠고, 또 너무 좋았다. 비단 지원이와만 그런 건 아니었다. 길드다 활동 내내 밀양의 밤과 같은 날은 자꾸 반복됐다. 미워만 하거나 좋아만 할 수 없어서, 미워도 하고 좋아도 하느라 힘이 늘 배로 들어갔다. 우리는 서로를 알 수 없는 이유로 많이 미워하고 또 알 수 없는 이유로 많이 사랑했지만, 널뛰는 감정을 마주해야 하는 건 오로지 내 몫인 것 같았다.

당연한 얘기지만, 각각의 책들은 각기 다른 효과를 낸다. 《장자》는 나의 오래된 분별을 인지할 수 있도록 도왔지만, 친구들과 싸운 뒤 감정이 날뛸 때 읽으면 오히려 역효과가 났다. 《장자》를 읽으면 자꾸 이런 생각이 들었다. '쟤네는 쓸모 있음과 쓸모없음을 너무 구분한다니까? 그게 문제야.' 옳은 말을 보면 내가 아니라 남부터 떠올리고 마는 것은 어쩔 수 없었다. 그래서 공자는 《논어》에서 이렇게 말했는지 모른다.

> 子曰: "中人以上, 可以語上也; 中人以下,
> 不可以語上也."
> 공자께서 말씀하셨다. "중인 이상에게는 심오한
> 이치를 말해줄 수 있으나, 중인 이하에게는
> 심오한 이치를 말해줄 수 없다."*

얼핏 보면 사람의 등급을 나눠야 한다는 것처럼 보이지만, 그런 뜻은 아니다. 오히려 누구든 세상의 고원한 원리와 가까워질 수는 있지만, 단박에 나아가는 건 불가능하므로 차근차근, 하나하나, 할 수 있는 것에서부터 나아가야 한다는 게 이 문장의 포인트다. 만약 단계를 훌쩍 뛰어넘어버리면 어떻게 될까? 너무 추상적인 말이 그 말을 받아들일 준비가 되지 않은 사람에

---

* 《낭송 논어》, 김수경·나은영·이수민 옮김, 북드라망, 2019, 189쪽(6편 19장).

게 가면 그 사람 안으로 들어가지 못하고 튕겨 나온다. 체화되지 못한 말은 망령(亡靈)처럼 그 사람 주위를 맴돌며 그 사람에게 망령(妄靈)된 생각을 불러일으킨다. 내가 《장자》를 읽고 그것을 완전히 체화하지 못해서 그 말로 친구들을 탓하려 들었던 것처럼 말이다. 물론 때때로 친구 흉을 보는 시간이 필요하기도 했다. 그러나 그것만으로 상황이 달라지거나 달리 보이는 일은 일어나지 않았다. 스스로 옳다고 생각하면 쉽게 남 탓을 하게 됐는데, 상대방은 나와 무관하게 이리 튀고 저리 튀니 내가 할 수 있는 일이 딱히 없었다. 기분만 더 상할 뿐이었다.

그런 내 수준에 딱 맞는 문장은 공자의 제자인 증자(曾子)가 했던 말이었다. 증자는 공자가 말년에 만난 제자 중 한 명으로, 공자보다 마흔 살이 넘게 어렸다고 하니 거의 손자뻘 제자였던 셈이다. 공자가 중년에 여러 나라를 직접 주유할 정도로 뜻을 펼치고자 하는 의지가 강했으나 노년에는 후학 양성에 집중했듯, 공자의 제자들도 초기 멤버 중에는 정치 참여적으로 공부한 것을 펼치려는 이들이 많았다면 후기 제자 중에는 교육이나 의례를 통해 재야에서 공부한 것을 전승하려는 이들이 많았다. 증자는 후기 제자로 훗날 공자의 도통을 이었다고 거론되는 인물이다. 실제로 어땠는지 알 수는 없지만, 적어도 그의 학파가 활발하게 활동한 것은 맞는 듯하다. 《논어》에서 증자는 공자처럼 증삼(曾參)이라는 이름 뒤에 존숭하는 의미인 '자(子)'가 붙은 채 불리는 데다가 공자와 함께한 시기가 길지 않았음에도 불구하고 그의 말이 《논어》에 열네 번 나오는데, 이는 《논어》에 등장하는 29명의 제자 중 일곱 번째로 많은 횟수다. 이를 통해 공자 사후, 《논어》가 편찬될 때 증자의 학파가 상당한 역할을 했으리라 추측할 수 있다.

증자란 인물은 공자에 따르면 "노둔한(魯)" 사람이었다(《논어》 11편 17장). 노둔하다는 표현은 상황에 맞춰서 민첩하고 영리하게 움직이는 사람보단, 둔하고 어리석게 구는 사람에게 잘 어울린다. 이때 둔하다는 게 게으르다는 뜻은 아니다. 노둔한 사람은 실리에 연연하지 않기에 잔꾀를 부리지 않을 뿐 매우 성실하다. 그렇다고 고집을 부린다는 의미도 아니다. 고집은 뜻을 꺾지 않아 융통성 없는 것이지만, 노둔함은 꾀를 피우지 않아 미련한 것이다. 손자뻘인 제자가 젊은이답지 않게 노둔하니 스승이 보기엔 조금 안쓰러웠을지도 모른다. 그러나 공자는 "노둔하다"라며 혀를 끌끌 차면서도, 내심 흐뭇한 미소를 지었을 것이다. 공자의 제자 중엔 재주가 볼만한 자들이 많았지만, 공자는 뛰어난 재주를 마냥 높이 사지는 않았다. 오히려 그런 제자들을 두고 기세가 대단하지만 의욕이 과하다며, 실제로 해내는 일은 서툴고 거칠 뿐이라고 말했다(《논어》 5편 21장). 재주를 이용해서 재빠르게 움직이고 이익을 얻을 수 있는 지름 길을 찾아낸다면, 자기 능력에 취해 허세를 부리거나 실수하게 될 위험이 있기 때문이다.

《논어》 초반부에 증자의 일상을 엿볼 수 있는 문장이 나오는데, 나는 친구들과 마찰이 있을 때면 이 문장을 다시 읽어보곤 했다. 그러면 적어도 남 탓을 하고, 기분이 더 상하고, 아무것도 할 수 없는 것 같은 무력감에서는 벗어날 수 있었다.

증자왈   오일삼성오신   위인모이불충호
**曾子曰 : "吾日三省吾身 : 爲人謨而不忠乎?**
여붕우교이불신호   전불습호
**與朋友交而不信乎? 傳不習乎?"**

증자가 말했다. **"나는 날마다 세 가지로 나를 되돌아본다. 다른 사람을 위하여 일을 도모할 때 성의를 다했는가? 친구와 사귈 때 신의가 있었는가? 배운 것을 제대로 익혔는가?"***

증자는 체크리스트를 만들어서 매일매일을 돌아 봤던 모양이다. 오늘날도 체크리스트를 만드는 경우가 많지만, 대부분 '물 1리터 마시기' '군것질 안 하기' '5000보 이상 걷기'와 같이 자기 관리용인 경우가 많다. 그러나 증자에게 스스로를 체크한다는 것은 세상과의

---

\*     같은 책, 37쪽(1편 4장).

연결 관계를 돌아보는 일에 가까웠다. 나는 그의 체크
리스트를 뒷부분부터 살펴보며 그가 하루라도 놓치지
않으려고 했던 관계를 엿보았다.


### (1) 배운 것과의 관계

傳不習乎?

배운 것을 제대로 익혔는가?


여기서 배운 것을 익혔느냐는 질문은 배운 대로
살고 있느냐는 뜻이다. 사람에게는 익숙한 습관 같은
것이 있어서 아무리 매일 책을 읽고, 읽은 것을 정리하
고, 생각을 개진해 글을 써도 일상에 돌아가면 말짱 도
루묵일 때가 많다. 만일 배움을 일상으로 가져와 몸에
붙이지 않는다면, 그것은 그저 허울 좋은 말로 이용될
뿐이다. 마치 내가 배운 것을 가지고 상대방을 탓하는
데 사용했던 것처럼 말이다. 물론 책을 읽으며 당장 눈
앞에 닥친 문제를 투영해보는 것은 자연스러운 일일 테
다. 그러나 제대로 익히지 못한 상태에서 그렇게 행동
한다면 남에게 책임을 전가하는 기술만 는다.

불만이 많았던 나는 세미나에서 대놓고 친구들에
게 문제를 제기한 적이 있었는데, 나의 친구들은 꿈쩍
도 하지 않았다. 그땐 내 말을 못 알아듣는 친구들이 답

답하기만 했는데, 지금 와서 보면 나라도 그랬을 것 같기도 하다. 사람들은 말과 글에 낀 기름기를 귀신같이 알아챈다. 내가 남을 탓하는 방식에는 나는 옳고 너는 그르다는 오만한 가치판단이 전제되어 있었다. 그런 방식으로는 누구의 마음도 움직일 수 없다.

어떻게 하면 공부한 것을 몸에 익히면서 친구들을 만날 수 있을까? 일단은 익히기(習) 전에 배우기(傳)부터 제대로 할 필요가 있었다. 공부하며 친구들을 탓하는 데 쓰고 싶어지는 문장에는 '아, 이게 바로 쟤네 얘긴데!' 하면서 즉각적으로 끌리게 되는데, 그 충동을 약간 누르기로 했다. 그게 진짜 친구들에 대한 이야기인지 판단하기엔 일렀다. 오히려 친구들의 이야기가 아니라 내 이야기일 수도 있으므로, 세미나에서 친구들에게 한마디를 하고 싶어져도 "끄흡" 하며 입술을 깨물고 말을 삼켰다. 가끔 말이 쉽게 내려가지 않아서 볼을 살살 간지럽히면서 입꼬리 아래에 힘을 주며 숨을 참았다.

## (2) 친구들과의 관계

여 붕 우 교 이 불 신 호
**與朋友交而不信乎?**
친구와 사귈 때 신의가 있었는가?


두 번째 문장에는 "붕우(朋友)"라는 존재가 등장한

다. "친구"라고 번역됐는데, 여기서 친구란 같이 노는 사이라기보단 함께 뜻을 펼치는 동지에 더 가깝다. 나에게는 길드다 친구들이 바로 그런 존재였다. 증자는 친구와 사귈 때 중요한 것은 신의(信)라고 말했다. 이때 신의란 무조건적인 믿음 같은 게 아니라, 성실함을 의미한다. 처음에는 사람과의 관계에서 성실할 수 있다는 말이 낯설게 느껴졌다. 일 혹은 공부를 성실하게 한다는 말은 들어봤어도 관계를 성실히 한다는 얘기는 처음 들어봤기 때문이다.

사실 생각해보면 누군가와 돈이나 명예 같은 실리를 위해서가 아니라, 뜻이 맞아서 함께 일한다는 건 보통 어려운 일이 아니다. 우리는 '인문학을 공부하며 그것으로 벌어먹고 살아보자!'고 뜻을 모았어도, 실제로 일할 때 각자가 원하는 게 미세하게 달랐다. 누군가는 인문학으로 사업부터 벌여보고 싶어 했고, 누군가는 글을 쓰는 데 시간을 더 들이고 싶어 했고, 또 누군가는 함께 시간을 더 보내며 기반을 다지길 바랐다. 그렇게 달랐음에도 우리가 함께했던 건 서로에게 서로밖에 없다는 것을 알았기 때문이었다. 우리는 배운 것으로 세상에 길을 내보자는 무모한 발심을 한 사람들이었다.

그렇다면 발심은 같이했지만, 구체적인 현실에서는 미묘하게 방향이 다른 친구들과 함께할 땐 어떻게 하면 좋을까? 일 처리를 능숙하게 잘하는 것도 좋고,

사업 수완을 올릴 수 있는 능력도 좋지만, 그보다 먼저 각자 다른 뜻을 서로에게 보여주고 부딪히고 설득하는 과정이 필요하다. 그리고 그 과정에서 가장 필요한 덕목은 성실함이다. 친구가 미워지고 싫어지는 시간도 견뎌내는 성실함, 상대의 의중을 이해하기 위해 시간을 들이는 성실함, 내 의견을 전달하고 이해시키기 위해 말하고 또 말해야 하는 성실함 말이다.

관계를 성실히 한다는 것은 이 모든 과정을 견디겠다는, 지난한 과정을 밟겠다는 의미로 읽을 수도 있지 않을까? 화가 나고 미워져도 그게 필요한 과정이라는 것을 이해하는 것, 서로 방향이 다르다고 열부터 받을 게 아니라 그 과정 자체가 무언가 되고 있는 아주 느리고 지난한 과정이라는 것을 알아차리는 것, 나는 그걸 되새기는 것만으로도 감정을 가라앉히고 진정할 수 있었다.

### (3) 지금 하는 일과의 관계

<ruby>爲<rt>위</rt></ruby><ruby>人<rt>인</rt></ruby><ruby>謨<rt>모</rt></ruby><ruby>而<rt>이</rt></ruby><ruby>不<rt>불</rt></ruby><ruby>忠<rt>충</rt></ruby><ruby>乎<rt>호</rt></ruby>?
다른 사람을 위하여 일을 도모할 때 성의를 다했는가?

증자는 실제로 일하는 중에는 '충(忠)'을 염두에 두

어야 한다고 말한다. 충(忠)을 보고 국가와 군대에 '충성'하라는 단어를 떠올리기 쉽지만, 본래 충(忠)은 남을 위해 무언가를 하는 데 초점이 있지 않다. 오히려 자기 자신이 최선을 다하고 있는지를 살펴보는 일에 더 가깝다. 이 문장에 따르면 일하는 그 순간에는 책에서 배운 것을 상기하는 것도, 친구들을 돌보고 살피는 것도 우선이 아니다. 우리가 해야 할 일을 재거나 따지지 않고 묵묵히 해내는 게 중요하다.

반신반의한 마음으로 이 말을 따라가다보니, 정말 그렇다는 걸 알 수 있었다. 친구가 제대로 일을 하고 있나 감시하는 것보다는 친구가 놓치는 일을 대신하는 것이 훨씬 나았다. 시간이 지나고 나면 전자의 경우에는 남 탓하는 데 에너지를 쓰게 되므로 일이 어그러지기 쉬웠다. 설령 일이 잘 마무리된다고 해도 약간의 성취감과 더 많은 불신이 쌓였다. 그러나 후자의 경우에는 일이 잘되든 잘되지 않든 친구들과 사이에서 감사와 신뢰가 쌓였다. 그리고 당연하게도 후자의 경우에 나의 만족도도 더 높았다.

증자의 체크리스트를 내 방식대로 바꿔봤다.

#1. 책에서 친구들에게 해주고 싶은 구절을 발견해도 일단 참기.

#2. 친구들과 함께 나아가는 지난한 시간 견디기.

#3. 일할 땐 일단 우리가 해야 하는 일에
집중하기.


증자의 비근한 체크리스트는 나를 현실에 발붙이게 했다. 오를 수 없는 성인의 경지를 생각하는 것보다, 원대하고 멋진 말을 곱씹는 것보다 상황에 맞는 구체적인 참조점을 되새길 때 나는 친구들을 탓하지 않고 무사히 하루를 넘길 수 있었다. 그러고 나서야 내가 친구들에게 소외당한다고, 친구들이 일을 답답하게 한다고 느낄 때 그들도 내게 비슷한 감정을 느낀다는 사실을 알아차릴 수 있었다. 그렇다고 갑자기 친구들을 미워하지 않을 수 있게 된 건 아니었지만, 적어도 홀로 감정을 마주해야 하는 시간은 줄어들었다.

# 프로 자기 계발러 공자

열 살 때부터 살고 있는 동네가 몇 년 전부터 핫플레이스가 됐다. 수원화성이 유네스코에 지정되어 있어 건물들의 고도가 낮고, 덕분에 개발이 거의 되지 않았으며, 산과 수원화성의 조화가 아름다운 걸 사람들이 알아보기 시작한 것이다. 나는 오래도록 우리 동네를 사랑해왔다. 이곳은 사계절 내내 풍경에 심취할 수 있는 곳이다. 겨울이면 스산한 바람이 화성에 걸린 검은색 깃발을 흔들었고, 봄이면 사방에 피어난 꽃들이 성벽에 혈색을 입혔으며, 여름이면 눈부신 초록빛이 화성을 삼켰고, 가을이면 시원한 공기가 사방에 붙은 한 해의 묵은 때를 탈탈 털어갔다. 매 계절을 한껏 느낄 때면 내가 지금 헤매고 있는 인간사가 작게 느껴졌다. 내가 관여할 수 없는 계절의 흐름을 느낄 때면 나도 그렇게 흘러가는 것 중 하나가 되고 싶다고 생각했다.

어려서부터 계절을 즐길 줄 아는 인간이었다면 나는 아마 비구니가 됐을지도 모른다. 그러나 청소년 시절 내내 나는 대통령이나 변호사를 꿈꾸는 진취적인 여자였다. 사주상 나의 캐릭터는 갑목(甲木)이라던데, 이것이 나의 타고난 성정을 잘 표현해준다고 생각한다. 갑목은 큰 느티나무와 같아서 성장하는 힘이 강하고 위로 뻗어나가는 성향이 있다. 그런 내게 비구니 감성이 생긴 건 문탁네트워크 생활을 하면서부터였다. 내가 문탁네트워크에서 보낸 시간은 대단한 업적을 세우거나 앞으로 계속 나아가려는 움직임과는 거리가 멀었다. 이곳에서 나는 내 옆 사람부터 저 멀리에 있는 누군가에게 이르기까지, 작은 어려움부터 큰 고난에 이르기까지 꼭꼭 씹어 소화하는 법을 배웠다. 무작정 앞서나가는 것이 아니라 내가 할 수 있는 역할에 집중하고, 그것에 만족하며 나름의 행복을 찾아내는 법도 배웠다. 그러니까 이 시간은 나를 내세우기보단 내게 다가오는 것들을 받아들이는 시간이었다.

그러나 길드다를 만들면서부터 상황이 바뀌었다. 우리는 여전히 문탁네트워크에 뿌리를 두고 있었지만, 공부한 것으로 돈을 벌겠다고 선언함으로써 시장에 진입하게 됐다. 별다른 자본 없이, 뒤 구린 꼼수 없이, 그저 우리가 가진 힘으로만 돈을 버는 방법은 하나밖에 없었다. 열심히 공부해서, 공부한 것을 팔기. 그러니까 각 개개인이 모두 자신의 전공 영역을 개척해서 '빅맨'이 될 필요가 있었다. 나는 그 변화가 그리 달갑지 않았다. 그간 배워온 것이 부정되는 느낌이 들었다. 공동체의 역량보다 개개인의 역량이 중요해진 것 같았고, 공동체의 힘에 감사하기보단 스스로의 능력을 자랑해야 하는 것 같았다. 이런 상황에서 공부하고 글을 쓴다는 것은 공동체적인 공부와 반대되는 자기 계발식 공부라고 느껴졌다.

나를 내세워야 하는 이 상황이 버거웠다. 차라리 계급이 있던 시대에 태어났으면 좋겠다고 생각했다. 내게 주어진 일이 있다면, 내가 맡은 역할이 있다면 나는 그것에 집중하며 만족스럽게 살 수 있을 것 같았다. 길드다에서 나를 내세워야 하는 일을 가능한 한 피한 건 그 때문이었다. 내가 쏟는 대부분의 시간은 길드다 운영 그 자체에 관한 일이었다. 공간을 꾸리고, 전체 일정을 정리하고, 친구들의 프로그램을 홍보하고, 회의 내용을 재차 확인하며 친구들을 재촉했다.

길드다에 쏟는 시간은 누가 봐도 내가 가장 많아 보였는데, 그건 그것대로 또 문제가 됐다. 나는 친구들이 자기가 하고 싶은 일만 한다고 생각했다. 반대로 친구들은 내가 너무 많은 짐을 짊어진 양 구는 것을 외면

할 수 없었고, 그런 나를 부담스러워했다. 한편으론 친구들이 무언가를 좋아하고 잘하고 싶어 하는 모습을 보면 나도 덩달아 기분이 좋았고, 진심으로 응원하고 싶었다. 그러나 다른 한편으로 나는 괴리감을 느꼈다. 공동체에서 공부하고 만든 팀이었는데, 공동체처럼 굴러가지 않는다고 생각했다.

이 문제를 다르게 생각해볼 수 있었던 건 《논어》를 다시 읽으면서였다. 나의 한문 스승님은 몇십 년 동안 《논어》를 수도 없이 보셨을 텐데도 《논어》가 "읽어도 모르는 게 계속 나오는 책", "읽어도 읽어도 새로 읽히는 책"이라고 하셨다. 이 책은 오늘날 보기에 언어가 분명하지 않고 모호해 보인다. 그러나 분명하지 않고 모호한 동시에 그 뿌리가 깊고 의미 있는 말은 누가 언제 어떤 상황에서 읽느냐에 따라 다르게 다가올 수 있다. 예전에 읽었을 때 심금을 울렸던 말이 다른 날엔 별 볼 일 없게 느껴질 수도 있고, 그 반대일 수도 있다. 그야말로 살아 있는 책인 셈이다.

내가 길드다에서 양가적인 감정으로 힘들어할 때 눈에 띈 문장에는 또 증자가 나왔다. 《논어》를 읽으면 저마다 좋아하는 제자가 한 명씩 생긴다. 《논어》는 공자의 이야기가 담긴 책이기도 하지만, 그들 학단과 그 당시 사람들이 등장하는 역사책이자 이야기책이기도 하다. 내가 여태까지 했던 세미나에서 가장 인기가 많았던 건 단연 자로(子路)다. 자로는 무협 출신이라는 후대의 기록이 있을 만큼 성정이 거칠고 투박하다. 온화하고 학자적인 느낌이 드는 공자나 다른 제자들 사이에서 유달리 튀는 건 그 때문이다. 공자는 그런 자로를 자주 혼냈고, 동시에 나이 차이가 얼마 나지 않는 그를 깊이 의지하고 사랑하기도 했다. 언젠가 공자는 정치에 뜻을 두었음에도 이루지 못하고 있는 자신의 신세를 한탄하며 이렇게 말한 적이 있었다. "도가 행해지지 않으니 뗏목을 타고 바다를 떠다니련다. 아마도 나를 따를 사람은 유[자로]겠지?"* 이 말을 들은 자로는 공자의 서글픈 속내를 살피지 못하고 마냥 기뻐했고, 공자는 그런 자로를 두고 사리판단을 못한다며 한 소리 했다고 한다. 비현실적인 존재로 느껴지는 공자가 자로 옆에만 서면 인간미를 마구 발산하니, 이 둘의 호흡을 좋아하는 사람이 많은 것도 이해가 된다.

가장 인기가 없었던 이는 안회(顔回)다. 《논어》에서 그는 원톱 우등생으로 등장하는데, 젊은 나이에 요절해서 그런지 그야말로 '넘사벽(넘을 수 없는 사차원의 벽)'인 존재다. 당대 권력자가 공자에게 제자 중 공부를 좋아하는 자(好學者)가 누구냐고 물었을 때, 공자는 망설

* 《낭송 논어》, 김수경·나은영·이수민 옮김, 북드라망, 2019, 142쪽(5편 6장).

임 없이 안회를 꼽았다. 여기까진 문제가 없다. 읽는 사람들 복장 터지게 만드는 건 공자의 그다음 말이다. "불행히도 명이 짧아 죽었습니다. 지금은 없으니, 아직 배움을 좋아하는 사람에 대해 듣지 못했습니다."** 《논어》에 등장하는 공자의 제자만 29명이다. 모범생 안회보다 그 나머지 28명 제자에게 감정을 이입하는 사람이 더 많은 것은 당연지사. 죽어서까지도 나머지 제자들을 '미만잡(어떤 것 미만은 모두 잡다하다)'으로 만들어버린 안회를 좋아하기는 쉽지 않아 보인다. 단편적으로 말하자면 공자와 애증 관계에 있는 제자가 가장 인기가 많았고, 누구도 쫓아갈 수 없을 정도로 우월한 제자는 가장 외면받았다. 아무리 먼 옛날의 이야기일지라도, 사람들이 은연중에 《논어》에 몰입하며 읽기 때문일 터이다.

내가 증자에게 자꾸 마음이 갔던 것 역시 내가 증자에게 쉽게 몰입할 수 있기 때문일지도 모른다. 어떤 사람들은 노둔한 증자를 보고 답답하다고 느꼈는데, 다른 건 몰라도 증자가 사람들에게 답답하다는 인상을 줄 때면 확실히 그에게 동질감을 느꼈다.

子曰 : "參乎! 吾道一以貫之." 曾子曰 : "唯."

공자께서 말씀하셨다. "삼아! 나의 도는 하나의

** 　 같은 책, 170쪽(6편 2장)

이치로 모든 것을 꿰뚫는다." 증자가 "네" 하고
대답했다.*

삼(參)은 증자의 이름이다. 여러 제자와 있는 자리
에서 공자가 증자의 이름을 친근하게 부르며 말했다.
"얘, [증]삼아, 나는 세상의 이치를 하나로 이해할 수 있
단다." 증자는 별다른 질문 없이 곧바로 알겠다고 대답
한다. 그러나 같은 자리에 있었던 다른 제자들은 공자
의 말을 이해하지 못했던 모양이다. 공자가 나간 뒤 고
개를 갸웃 기울이며 증자에게 그 뜻을 묻는다. 그러자
증자는 공자의 말을 두 단어로 정리해낸다.

子出 門人問曰 : "何謂也?" 曾子曰 : "夫子之道,
忠恕而已矣."
공자께서 나가시자 문인들이 물었다. "무슨
말씀이십니까?" 증자가 말했다. "선생님의 도는
충과 서일 뿐이다."**

충(忠)과 서(恕) 두 단어는 모두 '마음 심(心)' 자가
부수다. 忠(충)은 中(중)과 心(심)으로 나뉘는데, 이를 풀

---

\*    같은 책, 124쪽(4편 15장).
\*\*   같은 책, 124쪽(4편 15장).

어보면 자신의 마음에 집중한다는 의미니 최선을 다한다는 뜻으로 이해할 수 있다. 최선을 다한다는 건 뭘까? 개념이 막연하게 느껴질 때면 그 개념과 반대되는 의미를 찾아보는 것도 도움이 된다. 충(忠)에서 집중하는 대상은 타인이 아니라 나 자신의 마음이기 때문에, '최선을 다함'의 반대는 남한테 잘 보이기 위한 보여주기식 행동 혹은 스스로를 속이는 자기 합리화가 된다. 그렇다면 충(忠)은 남이 보든 보지 않든 자신의 마음에 떳떳하게 행동한다는 것, 즉 자기 진실성이라고 할 수 있다.

충(忠)이 자기 진실성, 즉 스스로에 대한 이야기였다면 서(恕)는 다른 존재와의 관계, 즉 상호성에 대한 이야기이다. 恕(서)는 如(여)와 心(심)으로 이루어져 있는데, 如에는 '~와 같다' '~을 따르다/좇다'는 의미가 있다. 즉, '누군가와 마음을 같이하다' '누군가를 마음으로 좇고 따른다'는 뜻이다. 이는 소극적으로 상대에게 동의한다는 의사를 표하거나 공감한다는 리액션을 하는 게 아니라, 자기의 마음(心)을 접어서 다른 사람 위로 포개어 같게(如) 하는 적극적인 행위다. 누군가의 마음을 헤아린다는 것은 자신을 그 사람의 자리에 위치시킨다는 뜻이다. 정말 그 사람이 되어보는 것, 그래서 그 사람의 상황과 마음을 적극적으로 받아들이는 것이다.

증자의 해석에 따르면 공자의 도(道)는 충(忠)과 서

(恕), 즉 자기 진실성과 상호성으로 요약할 수 있다. 그 중 충(忠)은 얼핏 보기에 자기 계발과 비슷해 보이기도 한다. 자기 계발에 열중하는 사람들은 24시간이 부족하게 산다. 하루하루 최선을 다하고, 생각한 것만큼 최선을 다하지 않았을 경우 반성하고 회고하는 시간도 필수다. 자기 계발에서 가장 경계하는 것은 열심히 했다며 스스로를 어르고 달래는 자기 합리화다. 이렇게 놓고 보니 더욱 《논어》의 충(忠)과 오늘날의 자기 계발이 비슷해 보인다. 마치 《논어》가 자기 '계발(啓發)'의 어원이라는 사실이 우연이 아닌 것처럼 느껴질 정도다.

> 자왈　　불분불계　　불비불발　　거일우불이삼우반
> 子曰: "不憤不啓, 不悱不發, 擧一隅不以三隅反,
> 즉불부야
> 則不復也."
>
> 공자께서 말씀하셨다. "분발하지 않으면
> 열어주지 않고 애태우지 않으면 말해주지 않는다.
> 한 귀퉁이를 들어주었는데 남은 세 귀퉁이를
> 헤아리지 않으면 다시 일러주지 않는다."*

계발(啓發)의 어원이 되는 이 문장은 교사로서 공자의 교육관을 엿볼 수 있는 문장이다. 신분 구분이 있던 시절, 공자는 파격적으로 자신을 찾아오는 사람이

---

\* 　같은 책, 208쪽(7편 8장).

면 신분에 차등을 두지 않고 다 받아주었다. 오히려 그의 기준은 '얼마만큼 공부에 진심이냐'에 있었다. 마음에 무언가가 가득 차 있는데, 그것을 어찌 펼치면 좋을지 모르는 제자들에게 공자는 창구를 내주었다. 이것이 계발(啓發)의 '계(啓)'다. 계(啓)는 손으로 문을 열어주는 모양이라, 이 문장에서는 왕성하지만 나올 방법을 몰라 분주하기만 한 것이 밖으로 나올 수 있도록 문을 활짝 열어주는 모습을 상상하게 된다. '발(發)'은 활을 당겨 쏘는 모양으로, 곧이라도 터져 나올 듯하지만 아직 미숙하여 안달 나 있기만 한 것의 활시위를 당겨주는 모습이 떠오른다.

공자에게 계발이란 출세를 위한 것도, 명예나 재산을 위한 것도 아니었다. 뜻은 있지만 자기 안에 갇혀 어쩔 줄 모르는 마음이 세상으로 뻗어나갈 수 있도록, 혼자서 안달복달하던 마음이 세상과 만나며 감응할 수 있도록 도와주는 일이라고 봐야 한다. 그러니까 본래 《논어》에서 쓰인 '계발'의 의미는 오늘날 자기 계발의 용법과 완전히 다르다. 오늘날 자기 계발의 초점은 자기 자신을 향해 있다. 그렇게 하면 진짜 뭔가 달라질 거라고, 더 나은 내일을 살 수 있으리라고 믿기 때문이다. 그러나 유교에서는 내가 하는 말과 생각을 알아차릴 수 있는 건 오직 관계를 통해서 가능하다고 말한다. 주위의 관계 없이 혼자 꼿꼿하게 서 있을 수 있다는 생각은 환상에 가깝다.

공자의 충(忠) 역시 마찬가지다. 충(忠)과 서(恕)는 각각의 의미보다 이 둘이 서로를 필요로 하는, 떼려야 뗄 수 없는 사이라는 점이 중요하다. 서(恕) 없이 충(忠)은 불가능하다. 상호성을 맞이한 뒤에야, 그러니까 이로운 상황이든 불리한 상황이든 나의 마음을 상대의 입장에 위치시킬 줄 안 뒤에야 자기 진실성은 가능하다. 공자식 자기 계발은 시장이나 상품성이 아니라 주위의 사람들에게 스스로를 비추어 보는 것, 우리가 서로에게 의탁하며 살아가고 있다는 것을 알고 그 자장에서 성찰하고 움직이는 것, 그럼으로써 스스로에게 진실되고 충실해지는 것을 의미한다.

공자식으로 말하자면 오히려 우리는 적극적으로 자기 계발을 해야 했다. 그것은 나만의 뛰어난 점을 부각해서 자랑하는 것이 아니고, 그간 내가 배워왔던 것을 부정하는 것도 아니다. 물론 시장에서 우리는 판매되어야 했지만, 팔린다고 꼭 자본주의에 최적화된 인간이 되는 것은 아니다. 성과를 내는 과정은 우리가 고립되지 않고 세상과 만나 감응하는 일이기도 하다. 그 과정에서 우리는 스스로에게 충실하고 서로에게 의지함으로써 자본주의에 매몰되는 대신 새로운 다른 길을 낼 수 있을지도 모른다. 실제로 우리가 글을 쓰고 세미나를 조직하는 과정은 서로에게 부단히 기대는 과정이기도 했다. 우리는 누군가의 글이 완성될 때까지 성심성의껏 서로의 마감을 독촉했고, 매번 안경을 고쳐 쓰며 멤버들의 글이 골격을 갖추어가는 과정과 부적절한 표현을 수정하는 과정에 동참했다. 세미나 진행을 위해서는 다른 멤버들이 함께 움직여줘야 했다. 서로 겹치지 않는 시간대를 잡기 위해 양보하고, 커리큘럼을 함께 검토하며 책을 추천하고, 세미나 규모가 커지면 함께 들어가서 공동으로 튜터 역할을 하기도 했다.

또 나는 이 문장들을 읽으며 내가 공동체적인 인간이고 나의 친구들은 그렇지 않다고 생각한 것 역시 착각이었다는 사실을 깨달았다. 공자 사전에는 오로지 자신만을 위해 하는 일도 없었겠지만, 그렇다고 오로지 남을 위해 희생하는 일 또한 없었을 것이다. 왜냐하면 충(忠)에 서(恕)가 꼭 필요하다는 말은 곧 서(恕)에게도 충(忠)이 꼭 필요하다는 말이기도 하기 때문이다. 상호성은 반드시 자기 진설성이 작동할 때 가능하다. 공동체를 위해 움직이고 활동한다고 생각하더라도, 나 스스로에게 충실하지 않다면 그건 공동체를 위한 일 역시 될 수 없다. 나는 공동체를 위한 일을 한다고 생각했지만, 돌이켜 보면 나의 방식이 길드다를 풍요로운 공동체로 가꾸진 못했다. 실제로 그랬을 리가 없는데도, 나는 운영에 관한 짐을 혼자 짊어지고 있다고 생각했다. 다른 멤버들에게 서운함이 날로 쌓여갔으므로 나 자신이 이 과정에 얼마나 충실한지는 매번 뒷전이 됐다. 내가 배운 공동체란 기쁨이 전염되어 그 힘으로 굴러가는 곳이었지만, 나는 길드다에 나의 고통을 반복적으로 전염시키기만 했다.

충(忠)과 서(恕)가 짝꿍이란 말은 그 둘이 거의 동시다발적으로 작동한다는 의미이기도 하다. 스스로의 마음에 떳떳하게 구는 것은 언제나 주변의 관계 위에 제대로 서 있을 때만 가능하다. 또한 스스로가 진실되어야만 다른 이들에게 마음을 진실되게 포개는 작업이 가능하다. 공동체의 역량과 개인의 역량이 따로 있는 것이 아니라, 공동체의 역량이 곧 개인의 역량이고 개인의 역량이 곧 공동체의 역량이다. 그러니까 어쩌면 우리 중 특별히 이타적이었던 사람도 이기적이었던 사람도 없었고, 특별히 공동체적인 사람도 비공동체적인 사람도 없었을지 모른다. 적어도 나 자신이 충(忠)도 서(恕)도 하지 못했던 사람이었다는 것은 확실하게 알겠다. 만일 내가 이것을 조금만 더 일찍 깨달았다면, 그래서 모두가 그만큼 지치기 전에 새로운 방식을 제안해볼 수 있었다면, 나는 길드다를 그만두자는 말은 하지 않았을지도 모른다.

# 간염과 수영에게 혼쭐나다

2021년 1월 1일 밤, 잠에 들려는데 어지럽고 속이 울렁거렸다. 등도 저릿했지만 단순 근육통일 거라고 생각했다. 잔병치레는 잦았어도 크게 아픈 적은 별로 없었기 때문에 의심하지 않았다. 다음 날 아침에는 화를 내면서 잠에서 깼다. 너무 화가 나서 누운 채로 이불을 차던졌다. 가족 중 누군가 점심을 먹자며 불렀는데 몸을 일으킬 수 없었고, 어찌어찌 앉아서 밥을 한 숟갈 무니 곧바로 토할 것 같았다. 온갖 부정적인 감정 속에서 허우적거리다가, 문득 감정이 먼저가 아니라 몸 상태가 먼저인 것 같다는 생각이 들었다. 그제야 이마를 확인해보니 열이 펄펄 끓고 있었다. 사흘간 잠만 잤는데도 고열이 떨어지지 않아서 큰 병원을 찾았다. 마침 코로

나 유행이 막 심해지던 때였고, 모두가 감염에 대해 불안해하고 있었기 때문에 어떻게든 검사를 받아보려는 사람들로 병원은 미어터졌다. 간신히 병원 한구석에 자리를 잡고 한 시간을 기다려 만난 의사는 "이 상태인데 병원에 오면 어떡해요!"라며 혼을 냈다. 의사의 불호령과 동시에 간호사들은 내가 닿은 모든 곳을 소독하기 시작했다.

잠재적 코로나 환자인 내가 병원에서 쫓겨나 갈 수 있는 곳은 집과 선별진료소뿐이었다. 오늘날 병원 전문가들은 절대적인 권위를 가지고 몸의 상태를 판명하지만, 어떤 시국엔 그 역할을 거부하기도 했다. 혹시 내가 코로나에 걸렸을지 몰라 아빠는 휴가를 냈고, 나는 평소 건강이 좋지 않은 엄마나 며칠 뒤 쿠바로 유학을 가는 친구에게 코로나를 옮기진 않았을지 걱정하며 마음 졸였다. 다행히 다음 날 도착한 판별 문자는 내가 코로나에 걸리지 않았음을 알렸다. '그렇다면 왜 이리 아프담?' 미열은 종종 났지만, 성인이 되고서 이만한 고열은 한 번도 난 적이 없었다. 1주일 내내 누워서 잠만 자다가 좀 걸을 수 있게 됐을 때 다시 병원을 찾자, 지난번과 같은 의사가 이번에도 화를 냈다. "이 상태인데 왜 병원에 오지 않았어요!" 가지 않은 게 아니라 갈 수 없었다. 옷을 갈아입으러 가는 중에도 세 번을 혼절하곤 했으니, 병원까지 가는 건 거의 불가능했다.

아프기 시작하고 보름이 지난 뒤에야 비로소 병명을 찾았다. 바이러스성 A형 급성간염이었다. A형 급성간염은 간 수치가 정상범위의 몇백 배까지 증가하는 증세를 보인다. 따라서 초기에 입원해서 최대한 간 수치를 내리는 게 중요하다. 간은 한번 나빠지면 회복하기 어렵고, 간 기능이 완전히 소실되면 사망에까지 이를 수 있기 때문에 초기 대응이 중요하다. 그러나 내가 진단받은 때는 이미 가장 아픈 순간이 지난 후였다. 뒤늦은 치료였지만, 워낙 상태가 좋지 않았기 때문에 건강은 눈에 띄게 호전되어갔다. 매번 화만 내던 의사는 기운 차린 날 보고 들뜬 목소리로 처방한 의약품들의 이름과 성능에 대해 한참 설명하더니, 이윽고 사과를 전했다. "그때 돌려보내서 미안해요. 진단을 빨리 못했네. 병원에 확진자가 셋이나 와서 병원 문 닫을 뻔했거든."

어느 날 갑자기 아플 것이라 예상하는 사람이 어디 있겠냐마는, 그래도 급성간염은 너무 갑작스러웠다. 나는 스스로 건강하다고 자부하는 사람이었다. 내 몸에 자신이 있었다. 고등학생 때부터 꾸준히, 규칙적으로 요가와 맨몸 운동을 해왔다. 물론 종종 아프긴 했지만, 나름의 해결법을 가지고 있었다. 장거리 이동을 하기 전날이면 팔굽혀 펴기와 등이 바닥으로 향한 거꾸로 팔굽혀 펴기를 해줬고, 쟁기 자세에서 어깨 서기로 이어지는 요가 동작과 코브라 자세도 잊지 않았다. 많이 걸어야 하는 날이 다가오면 스쿼트와 복근 운동에 집중했다. 그러면 큰 탈이 나는 일은 없었다. 다년간 해온 운동 덕에 길드다 공간 인테리어 공사를 할 때 남자애들에게도 밀리지 않았다. 힘은 약했지만, 어떤 자세로 어떤 근육을 쓰면 되는지 알았기 때문에 무거운 자재를 번쩍 들 수 있었고, 벽을 평평하게 만들기 위해 도포하는 퍼티도 쉬지 않고 치댈 수 있었다. 또 평소 커피, 술, 담배, 패스트푸드와는 거리를 뒀으며, 한식 위주의 밥상을 하루 세 번 규칙적으로 먹었고, 아무리 바빠도 잠은 너무 늦게 들지 않도록 주의했다.

내가 병의 원인으로 유일하게 추측할 수 있는 건 과로뿐이었다. 과로로 인해 면역력이 저하된 상태에서 우연히 간염 바이러스를 만나게 되면서 이 사달이 난 것이라고 말이다. 길드다 친구들과는 숨 가쁘게 일했다. 연초에 1년 계획을 세우고, 여름이면 인문학 캠프를 열고, 가을에는 유튜브로 인문학 강의를 하고, 연말이면 네트워킹 행사를 진행하고, 매 시즌 여러 개의 세미나를 운영하고, 가끔은 휴가도 같이 다녀왔다. 아주 바쁠 때 1주일에 6일을 아침에 눈을 떠서부터 밤에 눈을 감을 때까지 일하고, 하루 날을 잡아 종일 잠만 잔 적도 있었다. 작은 단체였지만, 다양한 일을 했으니 자연스럽게 온갖 업무를 맡았다. 대부분은 처음 해보는 일이었으므로 혼자 공부하며 터득해갔다. 나는 그렇게 5년 동안 회계를 담당했고, 매달 발송하는 뉴스레터를 관리했으며, 인스타그램에 행사를 홍보하는 동시에 세미나를 위해 포스터도 만들었고, 세미나 회원들을 살피며 외부의 단체들과 연락을 챙기기도 했다. 아, 물론 공부와 글쓰기는 쉰 적이 없었다.

간염에 걸린 뒤로 몸은 완전히 바뀌었다. 내게 두 번 화를 내고 한 번 사과했던 의사 말에 따르면 고열을 오래 앓았던 게 문제라고 했다. 지금 당신 몸의 모든 기능이 한 번 멈췄다가 다시 살아난 거라고, 그러니까 막 태어난 아기와 같다고 생각하면 된다고 했다. 걷는 것도 먹는 것도 처음부터 다시 시작해야 할 거라는 말도 덧붙였다. 처음엔 그게 무슨 소리인가 싶었는데, 시간이 지나도 회복되지 않는 몸을 보며 이해할 수 있었다. 그전에는 나만의 방법으로 아무리 피곤하고 아파도 금방 털고 일어날 수 있었는데 이번엔 그렇게 되지 않았다. 그간 유용하게 사용해온 어떤 통제 방법도 먹히지 않았다.

할 수 있는 일이 거의 없었다. 아프기 시작하고 두 달이나 지났건만 여전히 음식 냄새만 맡아도 토할 것 같았고 화장실에 가서 씻는 것만으로도 하루치 에너지를 다 소모했다. 기본적인 생명을 영위하는 일만으로도 주변 사람들의 도움을 받아야 했다. 혼자서는 아무것도 할 수 없었다. 밥을 차려 먹을 수 없음은 물론이고 옷이나 휴지조차도 가져다달라고 부탁했다. 모두가 나를 보고 너무 놀랐기 때문에 말을 아꼈지만, 사실 나는 이 상황을 꽤 즐기고 있었다. 하루 종일 해야 하는 일이 겨우 먹고 자고 싸는 것밖에 없다니. 이전의 바빴던 생활에 비하면 신선놀음이나 다름없었다. 누운 자리에서 가족들에게 약과 물, 음식과 생필품을 배달받는 데다가 모두의 관심과 걱정까지 한 몸에 받고 있으니 더할 나위 없었다.

무엇보다 내가 몸에 어떤 영향도 미칠 수 없다는 사실이, 몸이 나의 통제에서 완전히 벗어나 있다는 사실이 흥미롭게 느껴졌다. 나는 내 몸의 소유자이자 관리자의 자격을 박탈당했다. 어쩌면 애초에 가진 적 없었던 자격을 그제야 놓게 된 것일지도 모르지만 말이다. 공동체에서 생활하고 동양철학을 공부했기 때문인지, 나는 언젠가부터 내가 몸을 만나는 방식을 약간 어색하게 느끼고 있었다. 공동체의 도움으로 공부나 글쓰기를 강박적으로 컨트롤하던 습관은 내려놓을 수 있었고, 또 친구들과 다툴 때면 친구를 대하는 내 감각을 되돌아볼 수 있었지만, 고등학생 때부터 들여온 몸 관리 습관은 크게 달라지지 않았다. 아파서 아무것도 할 수 없게 된 후에야 비로소 나는 내 몸과 거리를 둘 수 있었고, 내 몸이 꼭 나의 몸만은 아니게 됨으로써 일종의 해방감과 희열을 느꼈다. 스스로 검열과 관리, 통제하려 해도 할 수 없다는 사실로부터 오는 묘한 쾌감이었다.

하지만 이 상황이 아무리 즐거워도 언제까지고 누워만 있을 수는 없었다. 속상해하는 부모님에게 나아지는 모습을 보여줘야 했고, 나를 기다리고 있는 길드다 친구들을 생각하면 어서 움직여야 했다. 체력 회복을 위해 오랜만에 수영장을 다시 찾았다. 중학생 때 그만 뒀으니까 거의 15년 만이었다. 수영이 너무 재밌어서 시작한 지 3개월이 다 됐던 달에는 수영장에 22일을 나갔다. 한 주에 평균 5.5일은 수영장에 간 셈이었다. 수영을 하려면 어쩔 수 없이 계속 움직여야 했다. 수영모 쓰는 게 불편해서 머리를 적당한 길이로 잘랐고, 수영복 올이 나가면 안 되니 손톱을 열심히 다듬었고, 물살 가를 기운을 내기 위해 밥도 잘 챙겨 먹고, 새벽에 수영장에 가기 위해 잠도 잘 잤고, 그러다보니 똥도 잘 쌌다. 소양인으로 추정되는 나는 화장실을 잘 가는 것이 건강의 지표이므로, 수영이 컨디션 회복에 도움이 된다는 것을 확실히 느낄 수 있었다.

사람마다 잘 맞는 운동이 있다고 하던데, 내겐 그게 수영인 듯했다. 수영의 모든 것이 좋았다. 수영장에 들어서면 나는 소독약 냄새도 좋았고, 꾸밈 하나 없는 벌거숭이들을 만나는 것도 좋았고, 수영장 곳곳에 포진한 말 많은 아주머니들의 수다도 좋았다. 레슨이 아닌 자유 수영을 할 때, 아무 아주머니나 붙잡고 모르는 걸 물어보면 열심히 알려주셨다. 그리곤 다들 이렇게 덧붙이셨다. "어휴, 나도 할 줄은 몰라~. 이론만 알아, 이론만~." 몇십 년 동안 수영장을 화장실 드나들듯 다니신 분들이었다. 강사님은 1주일에 두 번 만나지만, 아주머니들은 매일 만나니 나의 진짜 선생님은 아주머니들이었다고 해야 할지도 모른다. 물에 들어가 있는 시간도 좋았다. 샤워실에서 수영복으로 갈아입고 따뜻한 온기를 머금은 채 차가운 수영장 물에 들어가면 차갑고 무거운 물이 몸을 꾹 감쌌고, 뭍에서 몸을 조이던 수영복이 몸을 편하게 잡아주었다.

수영할 때 가장 중요한 것은 몸에 힘을 빼는 것이다. 물론 아직 초보 티를 벗지 못했던 나는 한동안 물과 싸웠다. 숨을 쉬러 고개를 들 때마다 물이 밀려오는 걸 수경 너머로 보고 있자면 머리가 저릿해질 정도로 숨이 가빠졌고 죽을지도 모른다는 생각이 들었다. 살기 위해 몸에 힘이 들어갔는지, 몸에 힘이 들어가서 죽을 것 같았는지 모르겠지만 어쨌든 마음이 다급해질수록 수영은 엉망이 됐다. 긴장하고 호흡이 꼬이면 몸에 피로가 급격하게 쌓이고, 피로가 쌓이면 근육이 제대로 움직이지 못해 위험해진다. 물과 싸우려고 들면 죽을 수도 있었다. 따라서 초보자에게 가장 중요한 건 힘 빼기 연습이다. 업킥과 다운킥, 풀과 푸시, 유선형 자세와 코어……. 수영은 겨우 네 개의 영법밖에 없는 주제에 연습할 건 평생 해도 모자랄 정도로 많지만, 이 모든 것은 힘을 빼지 못하면 말짱 도루묵이다.

전혀 예상하지 못한 순간에 나는 힘 빼는 법을 익힐 수 있었다. 당시 나는 접영을 배우고 있는 단계였으므로, 힘만 뺀다면 아무리 느리더라도 50미터는 오갈 수 있어야 했다. 하지만 중상급반에 갈 때까지도 몸에 힘을 빼지 못한 상태였기 때문에 한 번에 25미터를 가는 것도 힘들어했다. 강사님은 장난도 많이 치고 구박도 많이 하는 분이었는데, 그날도 25미터를 간 뒤 쉬고 있던 내게 빨리 오라며 닦달하셨다. 도저히 안 되겠어서 반대편에 있는 강사님을 향해서 이렇게 소리쳤다. "못하겠어요!" 이상하게 그 말을 외친 순간 속이 뻥 뚫리는 느낌이 들었다. 평소에 좀 못할 수도 있다는, 안 할 수도 있다는 생각을 하지 않던 내게는 꽤 도전적인 행동이었다.

물속에서 몸에 힘이 들어가는 이유는 사람마다 다르겠지만, 나의 경우는 '잘해야 한다' '꼭 해야만 한다'는 강박으로부터 온 듯했다. 혼자서 못한다고 진짜 못하게 되는 건 아니었는데, 그게 누군가와 함께할 기회가 될 수도 있었는데 그걸 몰랐다. 혼자 어떻게든 아등바등해야 한다는 생각 습관은 수영장에서까지도 나와 물을 분리하고, 다른 존재에게 몸을 맡길 수 없게 했다.

신기하게도 강사님에게 못하겠다고 외친 그날 이후부터 나는 힘을 빼고 수영을 할 수 있게 됐다. 물살을 어떻게든 이기려고, 자세를 어떻게든 만들려고 애쓰는 대신 물살을 탈 수 있게 된 것이다.

수영장 물은 네모난 박스에 담겨 있지만, 늘 다른 모양으로 일렁였다. 정수를 위해 물은 계속 순환했고, 온도 조절 장치가 돌아갈 때면 해류(?)도 생겼다. 초심자가 많을 땐 물결이 부드러웠지만 고수가 나타나면 작은 파도와 소용돌이가 일었고, 사람이 별로 없으면 물이 가벼웠고 사람이 많아지면 물도 무거워졌다. 몸에 힘을 빼고 매번 달라지는 물살과 호흡하며 부드럽게 리듬을 타고 있자면 어찌나 행복한지, 마치 물과 함께 춤을 추고 있는 것만 같았다. 눈물도 살짝 났던 것 같은데 아쉽게도 수경의 압력 때문에 흐르는 눈물을 느낄 수는 없었다.

나를 가르치고 혼내는 것은 비단 책이나 사람뿐만이 아니었다. 때론 질병이 그러했고, 때론 운동이 그러했다. 배우려고만 든다면 온 세계가 나의 공부의 장이 될 수 있었고, 나의 선생이 될 수 있었다. 간염과 수영은 모두 내게 힘을 뺄 것을 주문했다. 간염이 통제력을 순식간에 앗아갔다면, 수영은 통제하지 않고도 누군가와 춤을 추는 방법을 익히도록 밀어붙였다. 그들은 내가 내 몸을 컨트롤하는 것이 아니라 다른 존재들과 함께 리듬을 탈 수 있어야 한다고, 긴장으로 온몸을 단단하게 만드는 게 아니라 힘을 뺄 수 있어야 한다고, 혼자 다 하려고 할 것이 아니라 남에게 의존할 수 있어야 한다고 가르쳤다.

3

리추얼 대신 의례

# 그래도 여전히 좋아해

우리가 한 단체로 모이기까지 인문학 공동체에서 함께 보낸 5년이란 긴 시간이 필요했던 것처럼, 우리가 헤어지기까지는 반년이 넘는 시간이 필요했다. 그 과정 끝에 멤버 중 둘은 뉴스레터를 들고 독립해 독자적인 담론 생산 플랫폼을 만들기로 했고, 나를 포함한 나머지는 인문학 공동체에 남기로 했다. 이 사건의 공식 명칭은 '길드다 분화'였다. 10년을 매일 보며 함께 책 읽고 글 쓰고, 싸우고 화해하고, 볼 꼴 못 볼 꼴 다 보고 난 친구들과 떨어지려니 처음엔 하나도 아쉽지 않았다. 입안에 박하사탕을 문 것처럼 속이 시원하기만 했다. '드디어 떨어지는구나! 얘들아, 우리 당분간은 보지 말자!'

공간 청소는 길드다를 정리하는 마지막 단계였다.

2022년 3월, 우리는 약 5년간 머물렀던 공간을 정리했다. 마지막으로 둘러보니 공간은 짐을 거의 다 뺐는데도 여전히 멋졌다. 여섯 평 남짓한 바닥의 반은 노출 콘크리트 처리가 되어 있었고, 반은 잔디처럼 보이는 카펫이 깔려 있었다. 다음에 공간을 사용할 쪽에서 남겨놔도 된다고 했던 맞춤형 하부장과 상부장만 남아 있었는데도 당장 잡지에 실려도 괜찮을 만큼 예뻤다. 멤버 지원이 목수였기 때문에 우리는 거의 1년마다 인테리어 공사를 했다. 그 과정에서 벽에 댄 합판을 자르고 붙인 것도, 남아 있던 하부장의 사포질과 기름칠을 한 것도 나였다.

말 그대로 내 손으로 만든 공간을 떠나려니 그제야 섭섭한 마음이 조금 올라왔다. 지원의 디자인 제작 가구를 제외한 대부분은 내가 산 것이기도 했다. 빈티지하고 멋스러운 소파들과 의자들은 당근마켓에서 하나하나 골랐다. 빈티지 카세트테이프, 분홍색 유리로 된 차임벨, 터키식 유리공예 조명 등은 스페인 플리마켓에서 멤버들 각각을 떠올리며 골라 온 것이었다. 모두가 탐내던 근사한 1인용 소파 두 개는 근처에 친구들이 운영하는 독립서점에 선물했다. 그간 내가 필름 카메라로 친구들을 찍어 인화해 두었던 사진 뭉텅이들은 각자의 손에 나눠 쥐여줬다.

주위에 우리의 분화를 알리기 위해 각자 글을 썼

는데, 나는 그 글을 읽으며 우리가 얼추 비슷한 마음으로 헤어지고 있다는 것을 느낄 수 있었다. 헤어지는 과정에서 서로를 향해 서운한 마음이 들지 않았다고 하면 거짓말이겠지만, 그럼에도 불구하고 우리가 공들여 쌓아온 공통 감각은 여전했다. 그도 그럴 것이 10년간 함께 공부하고 일했던 시간을 복기했을 때 우리가 설 수 있는 자리는 딱 한 곳밖에 없었다. 공부하고, 공부한 것으로 삶을 가꾸어 가겠다는 마음이 그 자리였다.

우리가 각각 길을 찾아 헤어지던 시점에 앞으로 하고 싶은 공부가 가장 명확한 사람은 나였다. 나는 동양 고전을 계속 공부하고 싶었다. 비록 5년 동안 동양 고전으로 프로젝트 하나 제대로 못 해보고, 수차례 시도한 글쓰기가 번번이 좌절됐음에도 말이다. 내가 공부하며 별다른 목소리나 성과를 내지 못하는 것은 분명 문제였다. 단지 그것을 이용해 돈을 벌지 못했기 때문만은 아니었다. 공부가 개인의 지식 축적이 되는 것은 경계하고 지양해야 하는 일이었다. 혼자서만 하는 공부는 비대한 자아를 만들 수 있었다. 공부는 삶 위에서, 그러니까 사회적인 층위에서 만나고 펼쳐질 때 비로소 의미가 있었다. 내가 공부하며 고립되는 모양새를 보이자, 나에게 동양 고전을 권해주셨던 선생님은 추천을 잘못해줬던 것 같다며 다른 분야로 전환하라는 조언을 해주셨다. 그러나 나는 그럴 수 없었다. 아직도 나는 동양 고전이 좋았다. 인류학이나 서양철학, 불교 공부도 재밌었지만, 그 공부를 할 때조차 마음속으로는 동양 고전을 떠올리곤 했다. 내게 새로운 공부들은 동양 고전을 확장해서 이해할 기회였다.

사실 동양 고전으로 무언가 하지 못한 것은 그것이 비주류 학문이기 때문이기도 했지만, 꼭 그 때문만은 아니었다. 내 마음의 문제도 적지 않았다. 나는 길드다 활동을 하는 내내 공부를 제대로 한 뒤에야 말할 수 있고, 누군가를 가르칠 수 있다고 주장했다. 그럴 때면 길드다 친구들은 나에게 공부에 대한 기준이 너무 높다고 항의했다. 나는 그것이 동양 고전을 함께 공부한 선생님들에게서 배운 것이라고 생각했다. 내가 관찰하기로 선생님들은 공부가 삶을 수련하는 과정에 가깝다고 생각하셨고, 그 때문에 공부는 해도 해도 끝이 없다고 여기시는 듯했다. 공부를 해도 해도 부족한 것으로 인식하면 번드르르한 말 몇 마디 알게 됐다고 자만할 수 없게 된다. 공자는 행동이 먼저고 말이 그 뒤를 따라 한다고 했는데,* 나는 공부하는 사람들이라면 그 말을 더욱 새겨들어야 한다고 생각했다. 언어를 많이 사용하는

---

* 子貢問君子, 子曰: "先行其言 而後從之"(자공이 군자에 대해 물었다. 공자께서 말씀하셨다. "말보다 먼저 실천하고 그 후에 말이 따르게 한다."). 《낭송 논어》, 김수경·나은영·이수민 옮김, 북드라망, 2019, 65쪽(2편 13장).

사람일수록 그것을 무기 혹은 도구로 사용하기가 쉬워지기 때문이다. 주변에서 그런 경우를 많이 보기도 했을 뿐만 아니라 나 또한 주의를 기울이지 않으면 말로 누군가를 무시하고, 어떤 일을 간단하게 무마해버릴 수 있었다.

그러나 이런 생각이 과해지자, 결국 나는 자승자박하고 말았다. 부족한 상태로 말을 휘두를까 봐 입 열기를 망설였다. 지나치게 조심스러운 나머지 새로운 도전을 하기가 어려워졌고, 때론 나뿐만 아니라 친구들의 입까지 막아버리기도 했다. 우리의 중요한 사업 중 하나는 세미나였는데, 나는 종종 친구들이 세미나에 튜터로 나서는 것을 반대했다. 스스로는 튜터 자리에 잘 서지 않았고, 이름을 붙여도 '이끔이' 정도로 정리했다. 친구들을 튜터의 자리에 서지 못하게 하고, 스스로를 진행자의 자리에 한정시키는 것은 분명 배운 것을 남들과 적극적으로 나누려는 태도는 아니었다. 내가 소극적이고 방어적이라는 것을 알고 있었지만, 쉽게 달라지진 않았다. 길드다가 정리된 뒤, 더 이상 나의 소극적인 태도에 항의해줄 친구들이 사라지자 이것은 더 심각한 문제가 됐다. 만일 이 고립을 해결하지 못한다면, 이제는 정말 동양 고전 공부를 더 하기 어려울 수도 있었다. 어떻게 하면 공부한 것으로 칼부림하지 않으면서, 그렇다고 고립되지도 않으면서 계속 공부할 수 있을까? 나는 이 문제를 풀기 위해 다시 고전 중의 고전인 《논어》로 돌아갔다.

子曰: "溫故而知新, 可以爲師矣."
공자께서 말씀하셨다. "옛것을 익히고, 새로운 것을 알면 스승이 될 수 있다."*

유명한 사자성어 '온고지신(溫故知新)'이 탄생한 문장인데, 어떤 이들은 이 문장 중 "옛것"에 방점을 찍어서 해석하기도 한다. 전통적인 것을 제대로 익히면 새로운 것을 알 수 있다는 뜻으로 말이다. 그렇게 보면 이 문장은 꽤 지루하게 느껴진다. 그러나 내가 이해한 바에 따르면 이 문장은 꽤 파격적이다. 우선 여기서 말하는 '옛것'은 단지 전통적인 것이 아니라 '예전에 들은 것'을 뜻한다. 책 역시 오래전 누군가가 했던 말이기도 하고, 더 넓게 보면 이전에 어디선가 조우했던 문장이나 말, 행동 같은 것이 될 수도 있다. 공부한다는 것은 일전에 들은 것들, 배운 것들을 이해하고 소화하는 과정이나 다름없다.

어떤 학자는 공자를 개혁가라고도 불렀는데, 《논어》를 읽다보면 공자가 공부하는 모습에서도 그런 유

---

* 　같은 책, 63쪽(2편 11장).

의 과감함이 느껴진다. 공자는 누군가를 근거로 삼을지 언정, 유명하거나 권위 있는 사례를 방패 삼아 뻗대는 사람은 아니었다. 그는 과거의 역사에서 오늘날의 문제를 해결할 가능성을 찾아내는 사람이었지, 밑도 끝도 없이 옛것을 그대로 복창하는 보수주의자도 아니었다. 오히려 그는 적극적으로 '예전에 들은 것'을 자신의 맥락 위로 가져오곤 했다. 그러한 경향이 얼마나 강했냐면, 몇 안 되는 인용문 중에 거의 절반을 본래의 의미를 확대 또는 왜곡, 또는 완전히 변형시킬 정도였다. 예를 들면 공자가 《시경》에서 인용한 "사무사(思無邪)"라는 구절(《논어》 2편 2장)은 본래 말 사육에 관한 시의 일부로 본래 "아! 재난이 없도록 하소서!"라는 뜻이다. 여기서 "사(思)"는 '아!'와 같은 감탄사에 불과하다. 그러나 공자는 이 문장을 《시경》의 핵심을 관통하는 문장이라고 소개하며, "사(思)"를 '생각하다'로 해석해서 '생각함에 사악함이 없는 것'으로 바꾸어버렸다. '아, 재난이 없도록 하소서'와 '생각함에 사악함이 없다'는 전혀 다른 뜻이다.

사후에 그가 불린 방식이나 그려지는 이미지와 다르게 공자는 진취적으로 길을 개척해간 사람이다. 예전에 들은 것을 자신의 삶에서 새롭게 길어 올리는 모습을 봐도 그렇다. 그에게 공부란 전통의 답습에서 그치는 것이 아니라, 그것을 충실히 딛고 다음으로 도약

하는 것이었다. 그러므로 저 문장에서 굳이 '옛것'과 '새로운 것'에 중에 더 중요한 것을 골라야 한다면, '옛것'이 아니라 '새로운 것'일지도 모른다. 배움은 일상 곳곳에서 일어난다. 한 번 들었다고 다 안다는 듯 넘기는 것이 아니라 내 삶 순간순간에서 공부한 것을 작동시키는 것, 그래서 알았다고 생각한 것을 구체적인 삶의 현장에서 다시 찾아내는 것이 배움이다. 그러니까 공부는 구체적인 삶의 현장에서 매번 새롭고 또 새롭게 일어나는 것이다. 공자에 따르면 공부는 배운 것을 삶에 가깝게 붙인다는 면에서 칼이 되어서는 안 되고, 동시에 나의 삶 위에서 새로운 장을 열어간다는 면에서 세상과 단절되어서도 안 된다.

그렇다면 공자는 시대성이, 그러니까 현재의 현장이 중요하다고 생각했음에도 왜 처음부터 새로운 것에서 시작하지 않았을까? 그는 왜 새것을 창조한다고 말하지 않고 이전의 것을 새롭게 해석한다고 말했을까? 이것은 나 자신에게 하는 질문이기도 했다. 왜 공자는 옛말에 귀를 기울였고, 나는 왜 아직도 동양 고전을 놓지 않고 있을까? 아마도 이 세상에 완전히 새롭게 창조되는 것은 없기 때문일 것이다. 내가 인문학 공동체 선생님들과 연결되어 있듯이, 이 땅의 어떤 고양이나 돼지, 어떤 산과 연결되어 있듯이, 구체적인 삶에서 길어 올려진 공부와 사유는 모조리 연결되어 있다. 생명이 혼자서 살아질 수 없는데 어찌 공부라고 혼자 할 수 있을까? 모든 공부가 옛것으로부터 기인한다는 생각은 내가 시공간을 초월해 누군가와 연결되어 있다는, 누군가와 함께 공부하고 있다는 감각이기도 한 것일 테다.

어쩌면 내가 공부한 것으로 말하기를 망설인 것은 공부 자체가 아주 많은 이들에게 빚을 지며 해나가는 일임을 간과한 것이었을지도 모른다. 나 혼자의 힘으로 대단한 것을 만들어야 한다고 생각하면 두려워지고, 공부한 것에 대한 책임을 온전히 혼자 져야 한다고 생각하면 망설이게 된다. 그러나 만일 공자의 말마따나 공부가 이전에 내가 듣고 배운 것에 의존해서 지금 나의 현장을 새롭게 만나는 일이라면 나도 그러한 공부를 시도해볼 수 있을 것 같다는 생각이 들었다.

마음이 바뀌면 어떻게 해도 안 되던 일이 순식간에 되기도 한다. 길드다 분화 이후에 나는 친구들과 함께 《계사전》을 공부하고 그것으로 영상 콘텐츠를 만들어 유튜브에 업로드했다. 우리는 《주역》과 《계사전》을 빌려 연애 상담을 해주기도 했고, 오늘날 남성과 여성이 서로를 적대적으로 인식하는 사회현상을 분석하기도 했고, 개인의 취향이 중요해지는 세태에 관해 토론하기도 했다. 《계사전》은 《주역》을 해석한 책 중 하나인데, 저자 미상이지만 공자가 썼다고 전해진다. 그러니까 《주역》 자체도 동양 고전의 정수라 불리는 책인

데, 그에 관한 해설서 중에서도 위상을 가지고 있는 책이 《계사전》인 것이다. 그야말로 동양 고전의 정수 중 정수인 셈이다.

이 영상을 본 선생님들과 다른 인문학 공동체의 친구들은 당황스러워했다. "재밌고 웃기더라. 근데 그걸 그런 식으로 말해도 되는지 모르겠네." 정수 중의 정수인 책을 짧게 공부하고 콘텐츠로 만들었으니 공부가 부족한 것은 당연한 일이었다. 그래도 내겐 책과 친구들에게 의존해서 동양 고전을 주제로 이야기 나누는 시간이 그저 새롭고 즐거웠다. 친구들과 《계사전》으로 콘텐츠를 만든 것 자체가 나에게는 큰 도전이었다. 몇 번이나 공부한 《논어》나 직접 낭송본을 낸 《사자소학》으로도 되지 않았던 일을 난생처음 보는 《계사전》을 읽으면서 해냈으니 말이다.

우리가 진행한 프로그램 중 가장 인상 깊었던 날은 음양(陰陽)에 대한 이야기를 나눈 날이었다. 오늘날 한국에서 음양은 '남자는 하늘, 여자는 땅'의 근거가 되는 개념으로 알려져 있다. 이때 양(陽)은 긍정적인 개념이고 음(陰)이 부정적인 개념으로 여겨진다. 사람이 밝다(양)고 하면 긍정적인 이미지를, 어둡다(음)고 하면 부정적인 이미지를 떠올린다. 더 높은 자리를 향해 올라가(양)고 싶어 하고, 혹여나 내려오게 된다(음)면 실패했다고 여긴다. 하늘(양)은 높고 대단한 것을, 땅(음)은 낮고 보잘것없는 것을 상징한다. 생장하는 것(양)은 만물의 축복이라고 여겨지지만, 소멸하는 것(음)은 만물에 내려진 저주라고 여겨진다. 남성이 여성보다 우월하고, 여성이 남성을 잘 받들어야 한다는 인식도 이러한 맥락과 관련이 있다.

나 역시 음양이 남녀 차별의 뿌리 깊은 기원이라고 생각해왔다. 그러나 《계사전》을 보면 음양이 남녀 차별과는 별 상관이 없다는 것을 알 수 있다. 음양 자체는 상대적인 개념이라 음 안에도 음과 양이 있을 수 있고, 양 안에도 음과 양이 있을 수 있다. 어디서든 음과 양을 찾아낼 수 있는 셈이다. 또 음과 양은 서로 상반되는 관계이기는 하지만, 우수함과 열등함을 가르는 이분법적 관계는 아니다. 오히려 상대가 존재하기 때문에 존재할 수 있는 관계, 서로가 절대적으로 필요한 관계, 따라서 서로에게 의존하는 관계라고 봐야 한다. 《계사전》의 한 문장(5장 1절)이 이러한 관계를 잘 보여준다.

일 음 일 양 지 위 도
一陰一陽之謂道
한 번은 음이 되고 한 번은 양이 됨을 도라고
한다.

한 번은 음이 되고 한 번은 양이 되는 것이 세상 돌아가는 이치라는 뜻인데, 세상의 운영 원리는 해가 뜨면 달이 지고 달이 뜨면 해가 지는 것과 같다는 말이다. 낮이 있으려면 밤이 있어야 하고, 밤이 있으려면 낮이 있어야 한다. 어쩌면 음양으로 세계가 구성되어 있다는 말은 세계란 것이 이질적인 성질들이 관계 맺는 곳, 즉 서로에게 기대어 살아가는 곳이라는 의미인지도 모른다. 그렇다면 음양에 특정한 가치가 부여되고 있는 것은 음양이 나쁜 개념이라는 증거가 아니라, 거꾸로 이 사회를 이해하는 지표가 될 수도 있다. 오늘날은 어둠을 지우고 밝음으로만 향하는 사회, 소멸을 두려워하고 성장만을 외치는 사회, 약한 것을 무용하다 여기고 강한 것만을 최고로 치는 사회, 음양의 중심이 무너지고 양의 방향으로 기운 사회가 아닐까?

우리는 근래 더 심해진 남녀가 이분화되는 문제에 음양 개념을 적용할 수 있다면 어떨까 생각해봤다. 여자와 남자가 음양의 대표적인 은유이기는 하지만, 음양의 관계를 생각해보면 오늘날의 견고해 보이는 남녀의 이분법적인 구도는 쉽게 허점을 드러내게 될지도 모른다. 또 음양의 관계가 보여주듯이 서로가 서로에게 의지하며 살아갈 수밖에 없다는 이치를 이해할 수 있다면, 이질적인 존재를 바라보는 경직된 시선이 조금 달라질 수 있을지도 모른다. 친구들과 사회 문제를 동양 고전에 직결시키는 활동을 해보면서 나는 비로소 내가 동양 고전을 어떻게 공부하고 싶은지 알 수 있었다. 동양 고전의 낯선 관점을 통해 오늘날 이 사회를 낯설게 보는 일이 재밌었다. 이 공부를 통해 나는 내 현장에서 당연하게 보이는 것들에 질문을 던지고 균열을 내고 싶어졌다.

# 친구들이 아프다

내 첫 번째 현장은 문탁네트워크와 길드다였다. 나는
여기서 나름대로 열과 성을 다하는 시간을 보냈다. 그
런데 내가 이곳에서 지내는 동안 친구들은 나와 조금
다른 나날을 보내고 있었다. 물론 문탁네트워크는 유토
피아가 아니지만, 시장과 다른 문법을 만들려고 한다는
점에서 아주 일반적이지는 않은 곳이었다. 이곳은 서로
선물해주는 식재료로 단출한 밥상을 차리고, 유흥이나
과소비 없이 공부하고 글 쓰는 담백한 생활을 하며, 관
계와 신뢰를 가장 중요하게 생각하는 사람들이 모이는
곳이었다.

　　가끔 밖에서 친구들과 만나고 돌아오는 날이면 공
동체에서는 느끼지 못했던 불안함에 시달리곤 했다. 왜

그랬는지는 정확하게 모르겠다. 이유를 댄다면 끝도 없이 댈 수 있을 것 같다. 친구들이 낯선 건물의 화장실에 가면서 혹시 살인마를 만나지 않을까 걱정했기 때문이기도 하고, 밤낮으로 일하면서도 회사에서 잘릴까 봐 전전긍긍했기 때문이기도 하고, 해도 바람도 들지 않는 습한 집에서 근근이 살아내며 힘들어했기 때문이기도 하고, 거절 의사를 전해도 듣지 않고 끝끝내 쫓아다니는 스토커로 인해 긴장하고 있기 때문이기도 하다. 그래도 다시 공동체로 돌아오면 한시름 놓을 수 있었다. 그날 전화를 받기 전까지는 분명 그랬다.

오전 10시에 시작하는 세미나에 가려면 집에서 8시쯤에는 출발해야 한다. 집에서 문탁네트워크에 가는 한 시간 반 동안 버스는 출근길의 사람들로 인해 무거워진 몸을 이끌고 서행하다가, 내가 내릴 때쯤이 되면 비로소 제 속도를 되찾는다. 나는 그날도 버스 한구석에서 세상모르고 잠을 자다가 하차하기 두 정류장 전쯤 잠에서 깨어 멍때리고 있던 중이었다. 하늘이 심상치 않았던 게 기억난다. 비가 오지 않는데도 너무 어두컴컴해서 거의 밤처럼 느껴졌다. 그때 느닷없이 A에게 전화가 왔다. A는 해외에 있었기 때문에 그가 아침 시간에 전화를 거는 건 조금 이상한 일이었다.

전화를 받자 A는 엉엉 울면서 B의 부고를 전했다. 나는 알았다고 대답하며 전화를 끊었다. 어떻게 버스에서 내렸고, 또 어떻게 문탁네트워크까지 걸어갔는지 기억이 나지 않는다. 다음 날 찾은 장례식장엔 B의 가족과 친구들이 있었고, 춥지 않은 봄 날씨에 해도 떠 있었지만, 식장은 서늘하게 느껴졌다. B의 사인을 듣지 못했지만 어렴풋이 느낄 수 있었다. 그곳은 호상인 누군가의 지난날을 그리며 잘 가라고 인사하는 곳이 아니라, 스스로 이승을 떠나기를 선택한 사람을 황망하게 떠나보내는 곳이었다.

이상하게 그다음부터, 기다렸다는 듯이 주변 친구들이 자기가 아프다고 얘기하기 시작했다. 어느 날은 C가 주기적으로 공황 상태에 빠진다고 했다. 그의 공황은 제주도로 가던 비행기에서 처음 나타났다. 갑자기 죽을 것 같다는 느낌이 들었고, 숨이 쉬어지지 않았다. 비행기 출입구를 이미 닫은 상태였으므로 승객들은 이륙을 지연시키는 친구를 원망스럽게 쳐다봤지만, 그는 그저 살아야 한다는 생각뿐이었다. 그 뒤부터 출퇴근길 지하철에서 비슷한 느낌을 받게 됐다. 나는 그 이야기를 들었을 때 큰 충격을 받았다. 함께 저녁을 먹고 헤어지는 길에 C를 꼭 끌어안았다. 내가 꺼낼 수 있는 가장 깊은 마음을 끌어올려서 그를 이 땅 위에 붙들었다. 눈물이 났지만 울 수 없었고, 뭐라 말하고 싶었지만 별다른 말을 할 수 없었다.

구체적인 진단명이나 현상은 친구마다 조금씩 달

랐다. 친구 D는 수험 생활을 오랫동안 하고 있었는데, 짧지 않은 시간 동안 우울증을 앓았다고 털어놓았다. 나는 그의 우울증을 전혀 예상하지 못했다. 그 시간이 쉽지 않았을 법도 했는데, 일찍 그의 마음을 알아차리지 못했던 내가 원망스러웠다. 또 다른 친구 E는 밥을 제대로 먹지 못한 지 오래됐다고 했다. 어떤 날에는 술을 먹은 뒤 수면제를 잔뜩 삼키고 잠에 들었는데 다음 날 눈이 떠져버려서 살았다는 이야기를 덤덤하게 전했다. 내가 할 수 있는 일은 그저 귀와 마음을 크게 열고 그들의 이야기에 집중하는 것뿐이었다.

그리고 돌아보니 이것이 비단 내 친구들만의 문제가 아니었다는 걸 알 수 있었다. 이미 20~30대 여성들의 우울증 문제는 이슈가 많이 되었고, 온갖 플랫폼에는 또래들이 사회적 단절이나 고립을 호소하는 이야기가 넘치고 있었다. 봄이 되면 어떤 생명들이 사그라들었다는 소식도 끝없이 들려왔다. 누가 말하길, 봄기운이 워낙 강하다고 했다. 겨우내 꽁꽁 얼었던 땅을 뚫고 새싹을 틔우는 그 에너지가 너무 세서 어떤 이들은 그것을 견디기 어려워한다고 했다. 그렇게 떠난 이들은 내 친구 혹은 친구의 친구이기도 했고, 누군가의 친구이기도 했을 유명인이기도 했다. 봄마다 누군가를 떠나보내길 몇 년, 더 이상 새가 지저귀고 색색의 꽃이 봉오리를 터뜨릴 날이 기다려지지 않았다. 겨울의 한기가 수그러드는 것만 느껴져도 두려운 마음이 일었다. 나는 사계절 내내 누군가가 또 사그라질지 모른다는 생각에 사로잡혔다. 그렇게 이 현실이 나의 두 번째 현장이 됐다.

나는 그 현장에 서 있기는 했지만, 어떻게 서 있어야 하는지는 몰랐다. 조용히 울음을 참고 애도하는 것 말고도 다른 일을 하고 싶었다. 가장 먼저 했던 일은 공부였다. 공부를 업으로 삼은 사람에겐 이 현장 역시 공부로 만나야 할 의무가 있었다. 그때쯤 세미나에서 읽은 책이 《숲은 생각한다》다. 이 책에는 인류학자 에두아르도 콘(Eduardo Kohn)이 아마존강 유역 아빌라 마을에서 4년 동안 머물며 그들의 세계를 탐구한 내용이 담겨 있다. 콘은 아빌라 마을 사람들이 세계를 만나는 방식에 관심을 가졌다. 아빌라 사람들은 모든 존재와 소통할 수 있는 통로를 찾기 위해 애쓰는 사람들이다. 그들이 소통하는 이들 안에는 이웃 주민이나 함께 사는 개뿐만 아니라 식민 지배를 하고 있었던 백인, 지저귀는 다람쥐뻐꾸기, 숲속의 포식자 재규어도 포함된다. 자신과 다른 존재를 의식함으로써 그들과 이어지는 것을 콘은 '혼(魂)'이라고 부른다. 오늘날 합리주의적인 과학만능주의의 관점에서 보았을 때 얼토당토않아 보이는 영역까지도 아빌라 사람들에겐 세계의 일부인 셈이다.

우리는 대개 내가 겪은 사건을 '나만의' 개별적인 사건으로 이해하기 쉽다. 그러나 사실 모든 사건은 내가 다른 존재와 이어졌던 일과 다름없다. 이때의 '다른 존재'는 명확한 개체의 범위를 넘어서기도 한다. 그러니까 다른 존재와 이어졌던 사건은 인간의 신체를 넘어서, 인간의 영역을 넘어서 발생한다. 이를테면 아빌라 사람들은 포식자를 보지 않고도 그들의 존재를 눈치챌 수 있고, 숲속 동물들 역시 인간을 보지 않고도 인간을 의식할 수 있다. 우리가 사랑하거나 미워하는 친구가 근처에 왔음을 보지 않고도 느끼는 것처럼 말이다. 달리 말하면 혼은 다른 존재를 의식할 수 있는 능력이고, 혼을 인식한다는 것은 다른 존재와 눈을 맞추는 행위이다. 만일 내가 다른 존재의 혼을 느낄 수 있다면 그것은 곧 그 존재와 관계 맺을 수 있음을 의미한다. 따라서 다른 존재와 관계 맺는 일은 곧 나 스스로를 인식하는 일이기도 하다. 타자 없는 독립적인 개체는 존재할 수 없기 때문이다.

우리는 모두 이 우주에서 서식하는 다른
부류의 정신들, 사람들, 자기들을 인식하도록
강요받는다. (중략) 다시 말해 이 자기들의
생태학에서 모든 자기들은 자기로 살아남기 위해
이 우주에 서식하는 혼이 있는 다른 자기들의

혼-질을 인식해야 한다.*

그런데 만약 혼을 볼 수 없다면, 인식할 수 없다면 어떻게 될까? 정말 타자와 동떨어지게 된다면 어떻게 될까? 아빌라 사람들은 주위에 누군가 찾아왔는지, 누군가가 나를 바라보고 있는지 전혀 느낄 수 없다면 곧장 죽음에 이를 수 있었다. 나를 노리고 있는 포식자를 느끼지 못한다면, 내가 사냥해야 하는 존재가 어디에 있는지 느끼지 못한다면 말이다. 이러한 상태를 콘은 '혼맹(soul blindness)'이라고 불렀는데, 상대에게 시선을 돌려줄 수 없다는 의미에서 '맹(blindness)'이라는 은유를 사용했다. 다른 존재를 느낄 수 없고 시선을 돌려줄 수 없다는 것은 세계에 참여하는 능력을 잃게 된 것을 의미한다. 이것은 비단 아빌라 사람들만의 문제는 아니다. 오늘날 사람들 역시 주변의 관계들을 인식하지 못해 죽음의 위협에 처할 수 있다. 세계와 연결되지 못하고 단절된 이들은 죽음에 이르게 된다.

혼맹, 즉 "인식의 결여가 일으키는 분리"**는 스스로에게 일어나기도 한다. 혼맹인 상태에서는 남을 볼

---

\*     에두아르도 콘, 《숲은 생각한다》, 차은정 옮김, 사월의책, 2018, 204쪽.

\*\*     같은 책, 184쪽.

수 없기 때문에 자기 자신을 제대로 볼 수 없고, 인식할 수 없게 된다. 그러니까 자기 자신에게서 완전히 눈이 멀게 된다. 나는 이 부분을 읽으며 사회에서 고립되어 스스로 목숨을 끊는 자살도 혼맹의 위험 중 하나가 아닐까, 하고 생각했다. 한국에 아빌라 마을처럼 위험하고 무서운 포식자가 도처에 있는 것도 아니고, 무서운 맹독을 품은 식물을 언제 만나게 될지 몰라 긴장해야 하는 것도 아니다. 그럼에도 불구하고 친구들의 아픔은 생존의 문제다. 세계와 연결되지 못하고 단절되면 죽음에 이를 수 있기 때문이다.

돌이켜 보면 친구가 먼저 세상을 떠났을 때, 나 역시도 혼맹 상태에 빠져 있었다. 조금 이상한 말일지도 모르겠지만, 나는 친구가 떠나기 두세 달 전에 그 애가 세상을 떠날지도 모른다는 느낌을 받았다. 친구가 떠난 뒤론 1년 내내 몸이 으슬으슬 떨렸다. 사시사철 내내 겨울용 두툼한 트레이닝 바지, 긴팔과 후드 집업을 껴입고도 모자라 머플러까지 칭칭 둘렀다. 하루는 나의 한문 스승님이 나를 가리키며 말씀하셨다. "쟤 옷 입고 온 것 좀 봐라." 주변을 둘러보니 다들 반팔을 입고 있었다. 그 말을 듣기 전까지 나는 그때가 한여름인 줄 몰랐고, 내 옷차림이 유별난 줄 몰랐다. 체질이 바뀔 정도로 살이 빠지고 있다는 것, 밤에 불을 켜놓지 않으면 잠에 들 수 없다는 것, 혼자 있으면 자꾸 운다는 것을 몰랐다. 가끔 강의실 모퉁이에서, 자려고 누워 마주본 벽에서, 주방의 김치냉장고 뒤에서 죽은 B의 존재가 느껴진다는 것도 몰랐다. 갑자기 '아, 저기서 나를 보고 있다'는 느낌이 들면 몸이 더 차가워졌으므로 옷깃을 여몄고, 무서웠으므로 서둘러 외면했다.

나는 한동안 떠나간 친구를 현재의 삶-관계 위에 새롭게 배치하지 못했다. 친구에 대해 말할 기회가 없었고 나에게 물어보는 사람도 없었다. 친구의 죽음은 나와 무관하다는 듯이 나의 삶-관계와 분리된 채 흘러갔다. 정확하게 말하자면 누군가가 나에게 다가왔을지도 모르지만, 나는 다른 사람들과 관계 맺는 능력을 잃으면서 고립되어 있었기 때문에 아무것도 눈치챌 수 없었다. 혼맹의 상태였을 때 나는 고통이나 아픔에 대한 두려움 없이 스스로를 해체할 수 있었다. 하던 일 내팽개치기, 아무도 만나지 않기, 음식 먹지 않기. 두렵지 않았고 무감각했다. 건물 2층을 올라가는 것과 그대로 옥상까지 올라가는 것은 내게 별 차이가 없었다. 둘 다 계단을 오르는 일이었다. 놀러 간 속초 바다 앞 숙소 발코니에서 멀리 보이는 바다를 향해 고개를 살짝 숙이는 것이나 허리까지 숙이는 것이나 혹은 그보다 더 깊게 숙이는 것 역시 모두 몸을 숙이는 동일한 행위였다.

요즘 젊은 사람들이 자꾸 아픈 것을 보고 어떤 사람들은 요즘 젊은것들이 나약하기 때문이라고, 끈기와 용기가 부족하기 때문이라고 말한다. 그 말은 사실이 아니다. 적어도 나의 친구들은 그렇지 않다. 내 친구들은 이미 충분히 강인하다. 5~6년 동안 집에서 시험을 준비하느라 누구와 새로운 관계를 맺지 못하면서도 꿋꿋하게 밥을 먹고 강아지와 산책하러 간다. 회사 사장이 부당한 이유로 직원을 자르고 욕을 퍼부어도, 밤엔 술을 먹고 엉엉 울지라도 낮엔 그 부당함에 최선을 다해 맞선다. 세상에서 벌어지고 있는 온갖 아이러니함과 괴로운 소식들을 흘려듣지 않고 예민하게 반응하며 함께 슬퍼한다. 그런 상황에서 살아남겠다는 의지만으로 살 수 있는 존재는 없다. 아주 많은 이유로 인해 인간들이 세계에서, 그러니까 어떤 관계들에서 분리되고 고립되는 일이 벌어지고 있다. 이들이 직면하고 있는 치명적인 생존의 위협은 개인의 문제가 아니라 이 세계가 함께 앓고 있는 문제다.

이 상황이 친구들 개개인의 문제가 아니었다는 것을, 이 세계와 연결이 끊어지는 문제였다는 것을 이해하게 되면서 나 역시 이전부터 종종 세계와 분리되곤 했다는 것을 깨달았다. 인문학 공동체에서 많은 이들과 함께 공부했으면서도 쉽게 혼자라고 느낀 것, 관계가 무엇보다 중요한 곳에 있었으면서도 생존을 위해 분투하고 있다고 생각한 것은 나 역시 자꾸 고립되어 왔음을 의미했다. 친구들과 다른 곳에서 다르게 살고 있다고 생각했는데, 전혀 그렇지 않았다. 나는 친구들과 같은 시대를 지나왔고, 여전히 같은 사회를 만나고 있는 인간이었다. 그러니까 내 자리는 친구들의 옆자리가 아니라, 친구들이 서 있는 바로 그 자리였다.

'무엇이 우리를 자꾸 혼맹 상태에 빠지게 만드는 걸까?' 나는 이 질문에 정확한 대답을 할 수 없다. 친구들을 만나고 나면 너무 많은 이유로 인해 불안함에 시달렸듯, 오늘날 사회에서 누군가들이 자꾸 고립되는 데엔 너무 많은 이유가 있을 것이다. 그 이유를 하나하나 분석하고 추적하는 것은 내가 동양 고전에서 배운 방법이 아니다. 중요한 것은 이 문제가 탁상공론이 되지 않도록 하는 것이다. 유교를 배운 내가 이 자리에서 다음으로 나아가기 위해서는 아마도 이 질문을 던져야 할 것이다. '어떻게 하면 혼맹 상태에 빠지지 않고 함께 살아갈 수 있을까?'

이 질문은 일상에서 구체적인 방법을 찾아간다는 점에서 유교적일 뿐만 아니라, 사회관계의 연결을 고민한다는 점에서도 유교적이다. 내게 공자는 세상과 연결되어 살아가는 방법을 고민했던 철학자이자 자신의 현장에서 구체적인 방법을 제시했던 활동가이기도 하다. 활동가였던 공자가 사회와 관계에 대해 말하기 위해 들고나온 개념은 바로 '예(禮)'였다. 여기까지 생각이 이른 나는 어쩌면 이 예(禮) 개념이, 그러니까 의례 개념이

오늘날 연결의 문제를 고민하는 우리에게 도움이 될지
도 모른다고 생각하게 됐다.

# 동물들의 생존 비결

수영을 다닌 지 거의 2년이 다 되어간다. 중간에 잠깐 그만두었던 때도 있었지만, 그래도 수영만한 운동을 찾지 못해 다시 돌아왔다. 그 사이 코로나에 대한 규제가 풀리고 경계가 옅어지면서 수영장에도 변화가 찾아왔다. 내가 수영을 시작했을 때만 해도 샤워실이 텅 비어 있었는데, 이제는 줄 서서 기다렸다가 씻어야 할 정도로 사람이 많다. 내가 다니던 반에도 또래 친구가 들어왔으면 했다. 새로운 사람이 들어오는 월초가 되면 탈의실 앞에서 새로운 얼굴이 없나 둘러보고, 저 멀리서 풀장이 보이면 처음 보는 수영모가 없나부터 살펴봤다. 수영이 관절에 무리가 없는 운동이라 그런지, 나이가 들어서도 꾸준히 수영장에 오시는 분들이 많다. 그러니까 오래된 수영장일수록, 반 교체가 잘 일어나지 않는 사설 수영장일수록 수영장 회원들의 연령대가 높은 편이다. 내가 다니는 수영장은 오래된 사설 수영장인 데다가, 내가 듣는 수업이 새벽 6시에 시작하는 탓에 또래가 거의 없었다.

내가 아무리 장년 선생님들과 함께 공부하고 유교를 좋아한다지만, 다른 나이대와 어울리는 건 내게도 쉽지 않은 일이었다. 문탁네트워크에서 만나는 선생님들과 잘 지낼 수 있는 건 우리가 특수한 관계에 있기 때문이다. 우리는 청년과 장년이기 이전에 서로의 공부와 글에 참견할 수 있는 동학(同學)이다. 나는 어려서부터 어른들과 잘 어울리지 못했다. 장년들의 말에 쉽게 놀랐고, 굳고, 쪼그라들었다. 수영장에서도 매한가지였다. 내 나이를 묻고는 "곧 결혼해야지"라며 조언해주실 때는 그 나름의 따뜻함이, 어리니까 더 힘든 앞자리에 서달라고 스스럼없이 부탁하실 때는 급격히 좁아진 거리감이 당황스러웠다.

그중에서도 내가 가장 무서워했던 건 단체 수모였다. 수영장에서 사람들은 취향에 따라 검은색 혹은 흰색 배경에 아트 워크가 새겨진 수모, 캐릭터가 그려진 수모, 브랜드 로고가 박힌 수모를 착용한다. 그런데 반이 높아지면, 특히 그 시간대에 가장 높은 반에서는 똑같은 수모를 맞춰 쓴다. 그것도 화려한 원색 계열의 수

모를 말이다. 단체 수모를 쓰는 사람들은 소속감 때문에 좋아하는 듯했지만, 나는 같은 이유로 쓰고 싶지 않았다. 가장 높은 반의 단체 수모가 수영장 내에서 암묵적인 위계를 만드는 것 같았기 때문이다. 우리 세대가 가진 의례에 대한 거부감은 기성 문화와 관련이 있다. 호구 조사와 젊은이에 대한 특별한 환대 방식, 단체 수모를 반기는 청년들은 거의 없을 것이다. 수영장 문화뿐만 아니라 제사, 성별 불평등 문제, 나이에 따른 위계 문제가 모두 그렇다.

의례가 따가운 눈초리를 받는 한편, 의례와 사전상으로 같은 의미인 '리추얼(ritual)'은 오늘날 전혀 다른 방식으로 사용된다. 유행어 리추얼(이하, '리추얼')은 주로 청년 세대가 생산하고 소비하는 콘텐츠에 많이 등장한다. 대표적인 리추얼은 미라클 모닝이다. 미라클 모닝은 회사에 가기 전, 새벽에 일찍 일어나 운동을 하거나, 명상하거나, 공부하는 시간을 뜻한다. 예를 들면 새벽 4시에 일어나서 물을 한 잔 마시고, 이불을 정리하고, 10분간 명상을 한 뒤, 30분간 러닝을 하고, 30분간 독서를 하고, 아침을 차려 먹고 출근하면 미라클 모닝이라고 할 수 있다. 미라클 모닝은 주위의 방해 없이 새벽부터 자신을 컨트롤함으로써 하루를 온전한 자신의 것으로 만들 수 있다는 점에서 인기가 좋다.

나는 종종 '갓생(목표 지향적이고 자기 계발적인 생활양식)

브이로그'를 검색해서 보는 애청자다. 거기엔 '미라클 모닝'을 하고, '오운완(오늘 운동 완료)' 인증을 하고, '자기 확언 일기(목표한 바가 이뤄지고 있음을 스스로에게 암시하는 형태의 글쓰기)'를 쓰는 젊은 여성들이 등장한다. 그들은 대개 비슷한 이유로 리추얼을 시작한다. 평일에는 회사에 다녀오고 주말에는 다음 주 근무를 위해 에너지를 보충하느라 1주일이 다 가는 쳇바퀴 같은 생활을 계속하다간 자신을 영영 잃어버릴 것 같은 두려움에 휩싸인다. 이유 없이 울컥 화가 나고 우울해지는 감정을 주체할 수 없을뿐더러, 대부분의 회사가 안정적이지 않으니 언제고 도태될 수 있다는 불안함에 시달리기도 한다. 그러므로 아침 일찍 일어나, 누구에게도 방해받지 않는 시간에 내 몸과 감정에 집중하는 습관만으로도 삶에 생기가 도는 것이다. 어쩌면 리추얼은 자신을 컨트롤함으로써 삶을 되찾고 싶은 사람들의 생존 전략일지도 모른다.

리추얼이 자기 자신에게 집중하는 것이라면, 의례는 타인과의 관계를 살펴보는 것이다. 의례는 다양한 존재들과 어떻게 관계를 형성할 것인지, 어떤 맥락 위에서 만날 것인지에 대한 구체적인 이야기다. 물론 내가 단체 수모 쓰기와 같은 수영장 의례를 통해 수영장 생존을 위협받았듯, 오늘날 어떤 의례들은 누군가에게 위협적으로 작동하기도 한다. 그러나 어떤 사람들은 다른 이들과 맺는 관계, 즉 의례가 바로 생존의 핵심 키워드라고 말한다. 공자 역시 그런 이야기를 했지만, 공자의 이야기를 살펴보기 전에 케이틀린 오코넬(Caitlin O'Connell)의 이야기를 먼저 소개하고 싶다.

케이틀린 오코넬은 30년 이상 세계 각지에서 코끼리를 직접 만나온 현장 연구자다. 그는 인간사회와 비인간동물 사회를 오가며 살아왔다. 비인간동물 사회에 오래 있다 오면 이전까지 익숙했던 인간사회가 새롭게 보일 것이다. 그는 그런 경험을 통해 인간들은 비인간동물들의 사회에서 무언가를 배워야 한다고 생각하게 됐다. 그가 쓴 책 《코끼리도 장례식장에 간다》에서 우리가 배워야 한다고 말하는 것은 바로 비인간동물들의 의례다. 그는 비인간동물들의 의례를 관찰하고 그 의미를 이해함으로써 오늘날 인간사회가 얼마나 의례를 도외시하고 있는지 느꼈다.

오코넬에 따르면 절차에 따라 반복되는 행동은 모두 의례라고 할 수 있다. 예를 들면 일정한 순서로 연결되는 요가의 태양 경배 자세도, 관계를 맺기 위해 공동의 언어를 만들거나 사용하는 것도 의례다. 의례는 아주 간단할 수도 있고, 아주 복잡할 수도 있다. 각각의 행동을 떼어 놓고 보면 이해가 되지 않을 수도 있지만 분절된 행동이 연결되면, 그러니까 단순 행동이 사회적인 행동이 되면 의미가 생긴다.

오코넬은 비인간동물들을 멀리서 오랜 시간 지켜봐왔다. 그들에게 별명을 붙여줄 정도로 애정을 갖지만, 그들의 삶에 끼어들지는 않았다. 그는 어떤 동물이 태어나는 것을 그저 지켜보는 것처럼 어떤 동물이 죽어가는 것도 그저 지켜볼 뿐이었다. 비인간동물들의 사회는 인간사회보다 생존의 위협에 노출되는 것이 더 적나라하게 드러나 보였다. 한동안 누군가가 보이지 않는다면 오코넬은 곧장 그가 죽었으리라 어림짐작할 정도로, 자연에서 살아가는 비인간동물들은 언제 어디서 죽어도 이상하지 않았다. 누군가에게 잡아먹힐 수도 있고, 음식을 구하지 못할 수도 있고, 낯선 공간에 갇혀 빠져나오지 못할 수도 있었다. 오코넬은 이런 상황에서 비인간동물들에게 필요한 핵심 생존 전략이 바로 의례라고 말한다.

삶의 모든 면에서 동물은 믿을 수 없을 정도로 복잡하고 정교한 의례를 행한다. 덕분에 동물들은 험난하고 복잡한 세상에서 기어코 살아남는다.*

수영장에서 내게 의례는 수영인의 생활을 포기하

***

* 케이틀린 오코넬, 《코끼리도 장례식장에 간다》, 이선주 옮김, 현대지성, 2023, 22~23쪽.

게 만들 수 있을 정도로 위협적인 것이었는데, 어떻게 살아남기 위해 전력을 다해야 하는 비인간동물 사회에서 의례가 꼭 필요한 것이 될 수 있을까? 얼핏 생각하기에 '생존하기'는 그저 포식자나 위협적인 타자로부터 스스로를 구하는 일처럼 느껴지지만, 실은 그렇지 않다. 저자에 따르면 생존 문제의 핵심은 소통하고, 접촉하고, 친밀감을 느끼는 데 있다. 우리는 관계를 중요하게 여기도록 진화해왔다. 우리를 죽지 않고 살게 하는 것은 관계로부터 나오며, 이때 의례란 공동체에서 어떤 방식으로 관계를 맺을 것인가에 대한 구체적인 논의이자 행동이다.

> 우리는 의례에 참여함으로써 복잡한 사회
> 속에서 협력 관계를 맺는다. 의례가 간단하든
> 복잡하든 참여자는 몸과 마음에 변화를 느낄
> 수 있다. 우리는 서로 연결하고, 두터운 유대를
> 느끼고, 새로운 질서에 몸을 맡긴 채 공동체에
> 뿌리내린다. 모든 사회적 동물 집단은 접착제를
> 바른 듯 하나로 묶인다. 인간과 동물에게 사회적
> 고립이란 죽음까지 이르게 하는 주된 위험
> 요인이기에, 우리는 의례를 통해 하나의 공동체
> 속에서 건강을 유지한다.*

그런데 왜 어떤 의례는 누군가를 죽게 하고, 어떤 의례는 누군가를 살게도 할까? 그것은 의례의 특성과 관련이 있다. 의례는 만만하거나 쉬운 일이 아니고, 오히려 때때로 위험을 동반한다. 의례가 생존에 큰 위력을 발휘할 수 있는 것은 그 때문이기도 하다. 가장 쉬워 보이는 의례인 인사조차도 그렇다. 인사는 상대와 어떤 관계를 맺고 싶다고 표현하는 방법이지만, 그것이 효과가 있는 건 인사가 위험을 감수해야 하는 행위이기 때문이다.

어느 날 오코넬은 아프리카의 잠베지강 인근에서 농작물을 습격해 말썽을 일으키기로 유명한 수컷 코끼리들을 뒤쫓고 있었다. 그러다 인근 술집에 들렀는데, 그곳에서 나이 많은 현지 여성들에게 둘러싸였다. 잠베지강의 어르신들은 그의 손을 잡고 두서없이 몇 마디를 중얼거리다가 갑자기 그의 손바닥에 침을 뱉기 시작했다. 그곳은 백인이 환영받지 못하는 곳이었고, 오코넬의 문화권에서 상대에게 침을 뱉는 건 모욕을 주는 행위였기 때문에 그는 겁먹을 수밖에 없었다. 나중에 알게 된 사실이지만, 오코넬이 받은 인사는 그들이 자신의 조상까지 불러낸 최고의 인사였다고 한다. 현지의 어르신들은 침을 뱉으면 죽은 조상을 불러올 수 있다고

---

*    같은 책, 29~30쪽

믿었던 것이다.

저자는 손바닥이 흠뻑 젖는 동안 움찔대지 않으려고 노력했고 그 덕분에 인사 의례를 무사히 마칠 수 있었다. 하지만 만약 저자가 이 의례를 오해했다면, 자신을 무시하고 협박하는 것이라고 생각했다면 어떻게 됐을까? 서로가 서로에게 위해를 가하려고 한다며 격분하다가 누군가가 죽음에 이르렀을 수도 있다. 수컷 검은코뿔소들은 실제로 인사를 하다가 목숨을 잃기도 한다. 그들은 서로의 뿔을 접촉시키고, 앞뒤로 몸을 움직이며 천천히 뿔의 양쪽 면 각각을 한쪽씩 엇갈려 맞닿게 한다. 검객이 앞뒤로 움직이며 서로의 칼을 부딪치는 모습과 비슷하다. 만약 이 과정을 잘 거친다면 긴장된 분위기가 사라지고 둘 다 물웅덩이에서 물을 마실 수 있지만, 어떤 과정에서 서로를 오해하는 일이 발생하면 험악한 분위기가 조성된다. 상대가 인사를 망쳤다면 곧 공격할 것이라고 짐작하기 때문이다. 이럴 땐 서로의 경계를 확실히 구분 지으며 대치하고, 으르렁거리며 모래바람을 일으키다가 물웅덩이 한가운데에서 피비린내 나는 싸움을 벌이는 지경에 이를 수 있으며, 심한 경우 생명에 지장을 주는 상처를 입을 수도 있다.

만약 인사 의례가 제대로 작동한다면 인사로부터 많은 것이 시작된다. 저자는 아프리카 나미비아에서 코끼리들이 인사 의례를 행하는 한 장면을 목격했다. 그곳에는 암컷 코끼리 빅마마가 이끄는 무리가 자리를 차지하고 있었는데, 새로운 코끼리 무리가 다가와 그들을 내쫓고자 했다. 빅마마 무리의 힘 좋은 늙은 암컷 코끼리가 새로운 무리를 상대하기 위해 당당하게 걸어 나오자, 이에 맞서 새로운 무리의 대장인 젊은 암컷 코끼리가 돌격했다. 급작스러운 공격에 놀란 빅마마의 가족은 뿔뿔이 흩어졌고, 그때를 맞춰 어떤 수컷 코끼리가 구애를 위해 빅마마를 뒤쫓았다. 순식간에 빅마마는 무리에서 완전히 떨어져 나갔고, 빅마마의 무리는 혼비백산하며 불안에 떨고 있었다. 혼자 떨어져 나온 빅마마에게도, 대장 없이 남겨진 무리에게도 무척 위험한 상황이었다. 잠시 뒤 빅마마는 먼지를 뒤집어쓰고 콧물을 흘리며 달려왔고, 무리와 코와 입을 맞대며 길고 낮은 소리를 내며 울었다. 그들은 인사를 통해 급박하고 위험했던 상황을 극복하며 유대 관계를 다졌다. 이 재회 장면에서 강렬한 인상을 받은 저자는 조심스럽고도 단호하게 이렇게 말한다.

단순하고 뻔해 보이는 결론이겠지만, 인사말을 건네는 행동은 생명을 살리는 소통 행위다.*

~~~~~~~~~~~~~~~~~~~~~~~~~~~~~~~~~~~~~~~~~~~~~~~~~

* 같은 책, 59쪽.

정말 그렇다. 인사 의례는 생존과 깊은 관계가 있다. 수영장 상급반에서 연수반으로 막 올라갔을 때 나는 그것을 더 확실하게 느낄 수 있었다. 연수반에 계신 분들은 짧게는 몇 년, 길게는 몇십 년 동안 수영을 해오신 분들이다. 감기에 걸리면 몸을 사리느라 결석하는 나와 다르게, 연수반의 선배님들은 무슨 일이 있어도 새벽 6시에 수영하러 나오실 정도로 열정적이다. 오랜만에 연수반에 신입이 들어오자 선배님들은 반가운 마음으로 내게 환영의 인사를 건넸는데, 어떤 인사들은 나를 크게 위축시켰다. 한 분은 내 피부가 탱글탱글하니 예쁘다며 볼을 툭 치셨다. 아마 그분은 내게 젊음에 대한 동경을 담아 호의를 보이신 것이었을 테지만, 내게는 몸을 함부로 만지는 위협적인 행위로 느껴졌다. 또 어떤 상의도 없이 나를 반 모임에 초대하시고는 모임 회비를 내라고 하셨는데, 나는 친목 모임을 좋아하지 않기 때문에 급작스러운 초대가 불편하게 느껴졌다.

그분들이 내게 위협을 가하기 위해 한 일이 아니라는 것을 안다. 이 의례들은 그분들이 나름대로 수영장에서 함께 살아가기 위해 찾은 방법이었을 것이다. 거의 매일 하루를 같이 여는 이 관계는 나뿐만 아니라 모두에게 소중하다. 사람들은 누군가 나오지 않으면 그의 안위를 걱정한다. 다른 이유가 아니라, 앞으로도 계속 같이 운동하자는 멋진 마음으로 누군가의 건강을 걱정한다. 우리는 모두 '이러다 쓰러지겠다!' 싶을 정도로 열심히 운동하면서 서로를 독려하고, 못하는 건 도와주고, 잘하는 건 칭찬한다. 그러니 내가 친목 모임에 나가지 않겠다고, 회비도 내지 않겠다고 했을 때 연수반 선배님들은 나만큼 당황했을지도 모른다. 그동안 이 관계를 튼튼하게 잡아주었던 의례가 순식간에 관계를 파괴할 수 있는 의례가 됐기 때문이다.

그러나 생각해보면, 수영장의 모든 의례가 나를 괴롭게만 했던 건 아니다. 그랬다면 나는 일찌감치 수영을 그만뒀을 것이다. 미처 의례라고 인지하지 못하고 있었지만, 내가 수영장에서 살아가도록 만든 의례들도 있다. 내가 가장 좋아하는 시간은 수업이 끝난 뒤, 둥그렇게 둘러 모여 서로의 손을 맞잡고 인사를 나누는 2분가량의 시간이다. 사람들은 보통 어두운 색의 수경을 쓴다. 다른 사람들이 수경 파킹의 압력과 렌즈의 왜곡으로 튀어나온 눈을 보고 놀라는 것을 미연에 방지하려는 작은 배려인데, 그 때문에 수업 시간에는 서로 눈을 맞출 일이 없다. 그러다가 마무리 인사를 할 때가 되면 모두가 수경을 벗고 열이 모락모락 올라오는 옆 사람의 손을 잡는다. 빨개진 얼굴과 그 위로 한껏 눌려 있는 수경 자국을 보며 인사를 나눈다. 나는 그 시간만 되면 그렇게 웃음이 난다. 한 시간 내내 같이 있었으면서도 괜히 더 반갑고, 이 시간을 함께해준 것에 대한 감사한 마음이 들기 때문이다.

또 같은 레일에 있는 사람들과 주고받는 복잡하고 미묘한 의례들도 내겐 큰 즐거움이다. 수영은 팀으로 경기를 하는 일이 별로 없어서 개인 종목이라고 생각하기 쉬운데, 사실은 단체 종목에 더 가깝다. 한 레일 안에서 여러 사람이 움직이기 때문에 서로 큰 영향을 주고받는다. 예를 들면, 앞에 사람이 있으면 30퍼센트가량 힘을 덜 쓸 수 있다. 맨 앞에 있는 사람이 물살을 헤치면 뒤에 있는 사람들이 그 길을 따라갈 수 있기 때문이다. 그러므로 수영할 때 힘들수록 적당한 거리에 앞사람이 있는 게 중요하다. 누군가 힘들어하면 그 사람을 위해 앞사람이 조금 속도를 늦춰 거리를 맞춰준다. 어디선가 발생한 거리 조정이 그 앞사람, 그 앞의 앞사람에게도 전달되어 마침내 1번에게 전달되는 경우도 있다. 그러면 1번은 누군가를 위해 전체 속도를 조절하게 된다. 그래야 누구도 낙오되지 않을 수 있기 때문이고, 낙오되지 않아야 지치거나 겁먹지 않고 오래오래 함께 수영할 수 있기 때문이다.

어쩌면 우리는 생각보다 이미 많은 의례와 함께 살고, 또 의례로 인해 살아가고 있을지도 모른다. 만약 어떤 상황에 부딪혔을 때, 그 상황을 자신만의 경험으로만 해석하는 게 아니라 의례에 관한 이야기로 확장할 수 있다면 어떨까? 그렇다면 우리는 각자도생하며 생존하는 것이 아니라, 공존해야 생존할 수밖에 없다는 것을 더 자주 느낄 수 있지 않을까? 만약 누군가의 미담이나 배려에 의례라는 이름을 붙여준다면 어떻게 될까? 어떤 행동이 단순히 한 개인만의 호의로 끝나는 게 아니라, 우리가 맺고 있는 관계에 대한 시사점을 던져줄 수 있지 않을까?

# 108번의 댄스

얼마나 했는지 정확하게 기억나진 않지만, 대략 한두 달쯤이었을 거다. 엄마와 함께 매일 108배를 했다. 편하고 넉넉한 옷으로 갈아입고, 탄탄하고 두툼한 이불이나 명상용 방석을 깐 뒤, 108번 종을 쳐주는 음원을 틀어놓고 오르락내리락하면 30분이 지나갔다. 운동으로 108배를 한 적이 있었지만, 이번엔 그때와 확실히 달랐다. 운동으로 하는 건 그리 어렵지 않았다. 하루 이틀쯤은 얼추 시늉만 해도, 시도한 그 자체만으로도 잘했다고 스스로 위안 삼을 수 있었다. 익숙하지 않은 반복 동작으로 골반 근육이 놀라고 무릎 관절에 무리가 가면 일상생활에 지장이 생기지 않게 하루 쉬어도 괜찮았다. 그러나 이번엔 한 번이라도 성의 없이 절을 한다면,

하루라도 108배를 빼먹는다면 나 자신이 미워질 것 같았다.

순서대로 무릎, 고관절, 허리, 목이 접히며 몸이 동그랗게 말리면 안심이 됐다. 적어도 내가 만든 이 작은 공간에서는 별일이 없겠구나 싶었다. 정강이, 이마, 손바닥 구석구석, 손가락 마디마디, 가능한 모든 곳을 땅에 바짝 붙였다. 마음은 몸보다 더 아래로, 땅 깊숙이 보냈다. 절할 때마다 온몸과 마음이 세상 가장 낮은 곳에 가닿기를 바랐다. 그리고 나는 그곳에서 황망하게 세상을 떠난 어떤 이들을 떠올렸다. 내가 세월호와 밀접한 관련이 있는 사람은 아니었지만, 나 역시 그들을 죽음으로 내몬 이 사회의 일원임은 부정할 수 없었다. 인간이 다 감당하기 어려운 세상사에, 인간이 저질러버린 어떤 잘못들에 나 역시 책임이 있다고 느꼈다. 기사에서 읽은 사람들의 생애를 떠올리며 한 번, 한 번 몸과 마음을 낮췄다. 어느 날엔 하염없이 눈물을 뚝뚝 흘렸고, 어느 날엔 망자에게 도리가 아닌 것 같아 울지 않으려고 애썼다.

그렇게 108배를 하기 전까지 내게 제사는 어떤 의미도 없는 일이었다. 고모 집에 모여 치르는 친할아버지 제사나 명절 차례가 그랬다. 친할아버지는 아빠가 열 살일 때 돌아가셨으므로 생면부지의 인물이었고, 평소에도 밥을 잘 먹고 다니니 명절 음식이라고 특별하게 느껴지지 않았다. 어린 내가 보기에 제사는 형식적인 일을 귀찮게 반복하는 것일 뿐이었다. 나는 그저 실내에서 양말을 벗지 못한다는 게 불편해 발을 꼼지락거리며 모든 순서가 끝나기만 기다렸다. 정리가 다 끝나면 작은고모가 내 손을 잡고 근처에 있는 문방구로 데려가 줄 것이었기 때문이다. 서울의 문방구는 내가 사는 수원의 문방구보다 더 빨리 이상하고 멋진 문구들이 들어왔다. 그곳에서 만난 12종류의 색이 들어 있는 두꺼운 펜이나 지워지는 볼펜같이 센세이셔널한 필기구는 한두 달 뒤 수원에서 유행하게 될 터였다.

머리가 조금 더 크고 나서, 페미니즘을 공부한 뒤엔 제사의 과정이 마음에 들지 않기 시작했다. 여자들만 주방을 분주하게 오갔고, 남자들은 음식이 차려진 상 앞에 앉아서 근황 이야기를 나누며 필요한 게 있으면 여자를 불렀다. 물론 나는 어른들의 배려 덕에 애매하게 껴서 주방에서 수다를 떨거나 상 앞에서 담소를 나누지 않아도 됐다. 그저 한 발짝 뒤에 떨어져 이 상황을 지켜보기만 했고, 제사 의례들은 그렇게 내게서 점점 멀어져만 갔다.

제사 때문에 유교나 예(禮)에 반감을 갖는 사람들이 있을 정도로 제사는 유교의 심볼처럼 여겨진다. 일리가 있는 말이다. 오늘날 유가는 공자와 그를 계승한 학파로 알려졌지만, 본래 고대의 '유(儒)'들은 상례와 제례의 전문가를 의미했다. 어떤 사람들은 '유'가 상나라 왕조에서 기우제를 치르던 무당이었다고 보기도 하고, 또 어떤 사람들은 주나라에서 육예*를 담당하던 관직이었다고 말하기도 한다. 고대 문헌에서 보이는 다양한 '유'들 덕에 그들에 대한 여러 모습을 상상할 수 있는데, 공통적인 것은 그들이 중요한 의례를 치를 수 있는 지식을 갖고 있다는 것이다. 이때 말하는 그 지식이란 구체적인 순서나 방법뿐만 아니라 우주와 천체, 인간 세계와 인간에 대한 이해까지 포함한다. 고대에 의례는 세상과 인간을 이어주는 역할을 했기 때문이다.

《공자의 철학》을 쓴 허버트 핀가렛(Herbert Fingarette)은 공자의 예(禮)를 "거룩한 예식(holy ritual)" 혹은 "신성스런 예식(sacred ritual)"이라고 불렀다.** 공자는 다양한 층위에서 예(禮)라는 단어를 사용하는데, 허버트 핀가렛은 그중 신묘한 측면에 주목했다. 공자의 어머니가 무당 출신이라는 '썰'은 있어도 공자 자신은 무당과 관계가 없었고, 육예를 담당하던 관직을 맡은 것도 아니었는데 말이다. 심지어 그는 귀신에 대해서는 아예 말하지 않았다고 전해진다. 오히려 공자는 예

---

* 고대 중국 교육의 과목 여섯 가지로, 예(禮), 악(樂), 사(射), 어(御), 서(書), 수(數)를 말한다.
** 하버트 핑가레트, 《공자의 철학》, 송영배 옮김, 서광사, 1993.

(禮)가 사람을 홀리는 피상적인 이야기가 되지 않도록 막고, 그것을 현실적인 인간 세상에 관한 이야기로 만들어낸 인물이다. 그러니까 그는 확실히 초월적인 세계를 동경하고 설파한 사람은 아니라고 할 수 있다. 그렇다면 핑가렛은 왜 공자의 예를 '거룩'하고 '신성'스럽고 '신묘'하다고 표현했을까?

한국사회에서 대부분의 인간은 모르는 사람과 만나면 목례를 하고, 아는 사람과 만나면 눈을 마주치고 손을 흔들며, 좀 더 공식적인 자리에서는 악수를 한다. 만일 이것이 의례가 아니었다면 이 행위는 의도를 알 수 없는 손의 휘적임 혹은 폭력적이고 위협적인 암시가 될 수도 있다. 생활양식 곳곳에 숨어 있는 의례들은 우리에게 공통된 문화, 공통된 감각이 있음을 보여준다. 그리고 이를 통해 우리는 민감한 상황에서 서로를 의심하거나 두려움을 느끼는 대신 연결감을 느낄 수 있게 된다. 의례를 함께 행하는 시간은 우리가 연결되어 있다는 것을 확인할 수 있는 시간이고, 이 시간들은 관계를 생동적으로 살려낼 수 있다.

핑가렛은 여기서 더 나아가 의례가 성공적으로 작동한다면, 그 무엇보다 가장 예술적이고 정신적인 행위가 될 수 있다고 말한다. 108배의 경험을 떠올리면 그렇게 말하는 게 무리도 아니라는 생각이 든다. 아무리 절하는 게 어색한 사람이라 하더라도, 같은 동작을 반복적으로 행하다보면 몸이 자연스럽게 그 과정을 따라가게 된다. 처음엔 '무릎을 굽혀야지' '허리를 숙여야지' 같은 생각을 하지만, 충분한 연습을 통해 동작이 몸에 익으면 달라진다. 파도치듯 각 관절이 부드럽게 옆 관절과 협응하는 것을 느낄 수 있다. 각 기관은 옆 기관들의 반응을 눈치채기 위해 신경을 곤두세우고, 순서가 자신에게 넘어오기를 기다린다. 그러다가 모든 관절이 서로에게 익숙해지면 구분 동작 자체가 사라질 수도 있다. 앉기와 일어서기가 사라지고, 꿀렁거리기만 남는 것이다. 하물며 내 몸 안에서 벌어지는 일도 이러한데, 다른 이들과 함께 이 과정을 밟아 나가는 것은 얼마나 어렵고, 또 그렇기 때문에 얼마나 가슴 벅찬 일이 될까?

내 식대로 말해보자면, 여럿과 함께하는 의례는 마치 함께 춤을 추는 것과 같다고 하겠다. 함께 춤추는 상대와 호흡을 맞추는 건 아주 많은 번거로움을 동반한다. 처음 춤을 배울 때는 모든 동작이 다 어색하다. 그동안 쓰지 않았던 관절에 기름칠도 해주고 가동성도 넓혀주려면 동작을 익히는 시간이 필요하다. 적절한 타이밍에 손과 손이 허공을 가로질러 서로에게 가닿는 연습, 상대에게 기대도 넘어지거나 무너지지 않는다는 감각을 기르는 연습도 필요하다. 만일 익히고 또 익혀서 익숙해지고 나면 '원 투 쓰리, 투 투 쓰리' 같은 분절된 박자 없이도 하나의 플로우를 만들어낼 수 있게 된다.

별다른 말이나 신호가 없어도 우리는 서로에게 의지해 다음 동작으로 나아간다. 내 몸과 상대 몸이 자연스럽게 함께 움직임으로써 내 몸이 내 몸인지 모르겠는 상태, 상대 몸이 내 몸인 것처럼 느껴지는 상태에 도달하게 되는 것이다.

물론 모든 의례가 사람들에게 잊을 수 없는 예술적 경험을 선사하는 건 아니다. 분명 허례허식은 존재하며, 때때로 그것은 사람들에게 최악의 경험을 선사한다. 그러나 여기서 분명히 짚고 넘어가야 할 것은 오늘날 허례허식의 기원처럼 일컬어지는 공자야말로 허례허식의 위험성을 강하게 비판했던 사람이라는 점이다. 그는 허례허식을 정말 싫어했다. 얼마나 싫어했냐면, 공자가 살던 지역의 최고 권력자가 과하게 의례를 진행하자 그 일을 공개 저격할 정도였다. 그 권력자는 막강한 힘을 가지고 있었기 때문에 자신뿐만 아니라 제자들의 등용에까지 지대한 영향을 미칠 수 있었는데도 공자는 정면으로 허례허식을 비판했다.

문탁네트워크에서 다 함께 모여 세월호 참사 1주기를 기리는 의례를 치러보니 둘이서 108배를 하는 것과 비교도 할 수 없을 정도로 풍요로운 경험을 할 수 있었다. 우리는 이 의례를 긴 시간에 걸쳐 준비했다. 공동체의 바느질 공방에서는 세월호 참사의 희생자인 304명의 이름을 하나하나 수놓은 걸개 만들기 의례를 진행했다. 문탁네트워크에서 열리는 모든 세미나의 세미나 구성원들이, 주변을 서성이던 청소년들과 청년들이, 인근에 있는 마을 도서관의 사람들이 함께 모여 이름을 수놓았다. 수를 처음 놓는 청소년기의 남학생들은 이름 하나를 삐뚤빼뚤 새기는 데 세 시간이 걸렸다고 했다. 수놓는 데 선수인 선생님들은 예쁘게 수놓겠다 다짐하며 각종 비즈와 기법을 사용해 이름을 아름답게 꾸몄다. 우리는 수놓은 이름이 아름다워 감탄했고, 수놓아진 작은 천의 무게가 가늠할 수 없이 무거워 먹먹해했다. '릴레이 정진'이라는 이름으로 4월 16일이 되기 2주 전부터 매일 모여서 함께 108배도 했다.

2016년 4월 16일이 되자 공동체 공간 중 가장 넓은 곳에 30~40명의 사람이 빽빽하게 모여들었다. 바빠서 가끔 오시는 선생님도, 아파서 쉬고 계셨던 선생님도, 집에 일이 있어서 잘 나올 수 없었던 선생님도 이날만큼은 모두 자리에 함께했다. 어떤 사람 앞에는 좌식 세미나에서 사용하는 방석 두 개가, 어떤 사람 앞에는 두세 겹으로 접힌 요가 매트가 깔려 있었다. 우리는 조용하고 엄중한 분위기에서 304명의 이름이 적힌 플래카드를 향해 각자의 속도로 절을 했다. 누군가는 108개의 구슬이 꿰어진 염주를 들고 왔고, 누군가는 마음속으로 숫자를 세었고, 누군가는 세다가 까먹어 옆 사람이 멈출 때까지 절을 했다. 연세가 있는 선생님들이 많이 계셨으므로 나는 가장 불편한 자리인 앞줄 구석 자리를 선점해둔 상태였다. 그 때문에 다른 사람들을 볼 수 없었지만, 등 뒤로 충분히 느낄 수 있었다.

각자의 마음속에 불러온 세월호 참사의 희생자들이 108번 절을 하는 동안 그 공간을 꽉 채웠다. 나는 108번 머리를 가장 낮은 곳으로 내려보내는 내내 말로 형용하기 어려운 감정을 느꼈다. 우리는 함께 인간들의 잘못을 사죄하고, 허망한 죽음들에 마음 아파하고, 잊혀서는 안 되는 이들을 떠올릴 수 있었다. 혼자라면 너무 힘겨워 외면했을지도 모르는 일이었다. 그러나 함께 수놓으며 손에 이름을 새기고, 절을 하며 무릎에 마음을 새겼던 시간을 통해 우리는 세월호 참사를 마주할 수 있었다. 나는 더 이상 세월호가 가라앉는 동안 아무 것도 할 수 없었던 무력한 인간, 혹은 세월호 참사의 희생자를 알아가기 힘들어하고 버거워하는 나약한 인간이 아니었다. 우리가 만든 의례 속에서 나는 살아 있다는 느낌을 받았다. 연결을 직접적으로 느낄 수 있는 시간은 사람도 살게 만들고, 관계도 살게 만들고, 사회도 살게 만든다. 이것이 핀가렛이 말하는 거룩하고 신성한 예(禮)일 것이다.

이런 일들은 오늘날 제사가 아닌 다른 방식으로 일어나기도 한다. 가령 클럽이나 콘서트장에서 '떼창'을 하는 동안 소름이 돋는 일도 비슷하다. 집에서 수도 없이 들었을, 그래서 가사나 악보를 보지 않고도 몸으로 기억할 수 있는 어떤 음악을 모두가 한목소리로 혹은 한 몸으로 좇다보면 바로 지금 이곳에서 우리가 연결되어 있다는 고양감을 느낄 수 있다. 생각해보면 나는 종종 그런 느낌을 받았다. 방해 공작으로 흩어졌던 시위 무리가 다시 한곳으로 모여들어 서로의 존재를 확인했던 순간, 오랜만에 한자리에 모여 풍물을 칠 때 서로의 호흡이 느껴져서 날아갈 것 같다고 느낀 순간, 퀴어문화축제에서 멋진 복장을 하고 전복적인 문구가 적힌 피켓을 든 낯선 옆 사람을 보며 강한 연대감을 느낀 순간도 내겐 그런 시간이었다.

그러니까 의례가 서로를 위협하거나 곤란하게 만드는 일이 아니라, 서로 연결되어 있음을 느낄 수 있는 일이 되기 위해서는 형식보다 마음이 더 중요하다. 물론 의례에서 형식적인 면을 빼놓고 이야기할 수는 없지만, 형식만으로 이야기할 수 있는 건 없다.

祭如在, 祭神如神在. 子曰: "吾不與祭, 如不祭."
조상에게 제사를 지낼 때는 조상님이 계신 듯이
하였고, 신에게 제사를 지낼 때는 신이 계신
듯이 한다. 공자께서 말씀하셨다. "내가 제사에
참여하지 않으면 제사를 지내지 않은 것과
같다."*

아무리 모든 일이 자연스럽게 흘러가고, 의례를 행하는 동안 서로 적대감을 느끼지 않는다고 하더라도, 온몸과 온 마음이 그사이에 들어가지 않으면 그건 죽은 의례나 다름이 없다. 물론 마음과 행위가 따로 있는 건 아니다. 내가 처음부터 그만큼 커다란 마음을 가지고 있어서 108배를 했던 것이 아니라, 선생님들과 함께 108배를 하는 동안 세월호 희생자들에게 보낼 마음이 만들어진 것처럼 말이다. 콘서트장에 모인 사람들 역시 처음부터 서로 이어진 마음으로 '짠' 하고 나타난 게 아니라, 함께 뛰고 팔을 흔들고 몸을 부딪치며 힘껏 노래를 부르면서 이름 모를 누군가들과 연결되어버리는 것일 테다. 그러니까 의례를 행하는 일은 그 자체로 누군가들과 함께 몸과 마음을 내고 싶은 일이다.

그 사람이 주위에 관계되는 모든 사람들을
그와 함께 예에 참여시킴으로써 궁극적으로
타인들을 자신과 같은 존엄성을 가진 존재로 대해
주었는지가 밝혀진다.[**]

---

[*]   《낭송 논어》, 김수경·나은영·이수민 옮김, 북드라망, 2019, 90쪽 (3편 12장).

[**]  하버트 핑가레트, 《공자의 철학》, 송영배 옮김, 서광사, 1993, 91쪽.

의례는 단일적인 주체에 의해서가 아니라 상호 간의 훈련을 통해 행해지고, 자연스럽게 서로의 연결 지점을 느낄 수 있게 되며, 그 과정에서 마음이 오간다. 그러므로 의례는 관계의 지표가 될 수 있다. 만일 어떤 의례에서 누군가 배제된다면, 그것은 의례 자체가 아니라 의례가 행해지고 있는 그 관계에 문제가 있음을 의미한다. 의례는 제거될 필요가 있는 것이 아니라, 잘 다듬어갈 필요가 있는 것이다. 물론 그 과정은 쉽지 않을 테다. 그러나 의례를 살피고 새로운 시도를 하는 과정 그 자체가 우리가 서로를 존중하고 있다는 것을 보여주는, 낯선 이들과 함께 살아가보자고 손을 내미는 행위가 될 수 있다. 의례는 개인이 아니라 관계에 대한 구체적이고 현실적인 이야기이며, 의례에는 연결에 대한 논의의 물꼬를 터줄 수 있는 동시에 실천적인 움직임도 가능하게 만드는 힘이 있다.

# 눈치 주는 비건 지향인

사람들과 잘 어울려 사는 건, 그러니까 서로를 소외시키지 않는 의례를 주고받으며 사는 건 쉽지 않다. 동양 고전 텍스트를 읽다보면 그를 위해 고군분투한 누군가의 흔적이 느껴진다. 제멋대로인 왕과 어떻게 살면 좋을지 토론하던 학자들, 부모님과 뜻이 맞지 않아 우왕좌왕하던 자식들, 사태 파악을 제대로 못 하는 남편이 답답한 아내들……. 관계에서 발생하는 불협화음은 답도 없는 문제라지만, 그래도 그 문제를 마주하는 건 중요하고 필요한 일이다. 의례는 이때 제 몫을 할 수 있다. 의례란 일상 속 타인과 새로운 세상을 구체적으로 직조해가는 일이기 때문이다.

　　나 역시 고전에서 읽은 사람들만큼이나 타인과 일

상을 직조하고 싶은, 그러니까 의례를 잘 행해보고 싶은 사람 중 하나다. 또한 그들만큼이나 자주 실패하는 사람 중 하나이기도 하다. 요즘 내가 가장 많이 실패하고 있는 의례 중 하나는 비건 의례*다. 비건이 되어야겠다는 비장한 결심을 한 적은 없었다. 결심에 앞서 새벽이와 잔디가 있었을 뿐이다.

종돈장에서 구조된 돼지 새벽이와 실험실에서 탈출한 돼지 잔디는 새벽이생추어리의 거주 동물이다. 우연히 SNS에서 신나게 진흙 목욕 중인 새벽이를 발견한 뒤, 반년간 매주 한 번씩 새벽이와 잔디를 만나러 다녀왔다. 새벽이생추어리의 보안을 위해 정확한 위치를 밝힐 수 없지만, 내가 사는 곳에서 옴팡지게 멀다는 것만은 확실히 말할 수 있다. 늦은 오전에 출발해 오후에 새벽이생추어리에 도착했고, 두 시간의 돌봄 활동 뒤에 집에 돌아가면 하루가 다 끝나 있었다. 내가 그 둘을 만나는 시간은 겨우 1주일에 두 시간이었지만, 오로지 그 둘만을 위해 이동했던 시간까지 합하면 새벽이와 잔디는 반년간 내 일상의 7분의 1을 차지했다. 겨울에는 잔뜩 껴입어 둔해진 몸으로 물을 덥혔고, 더운 여름에는 땀을 뻘뻘 흘리며 질어진 흙을 퍼냈다. 손발이 동상에

---

\* 　비건 의례란 비건으로서 사람들을 만나며 일상을 꾸려가는 모든 과정을 일컫는다.

걸리고 모공이 땀에 절면서, 그렇게 새벽이와 잔디를 만났다.

안 그래도 공장식 축산업에 관한 책을 읽고 고기 소비량을 줄이는 중이었는데, 새벽이와 잔디를 만난 뒤부터는 고기를 먹으면 체하고, 고기 냄새가 비리게 느껴지기 시작했다. 기왕 육고기를 못 먹게 됐으니, 바다에서 오는 고기도 먹지 말아보기로 했다. 비건을 지향하기가 어렵지 않을 거라고 생각해서 쉽게 내린 결정이었다. 나는 식욕이 왕성한 편이 아니다. "뭐 먹고 싶어?"라는 질문에 대답하는 게 세상에서 제일 어렵다. 가끔 특정 음식이 당길 때가 있긴 한데, 안 먹어도 큰 상관은 없다. 그러니 어떤 음식을 못 먹게 되고, 어떤 식재료와 멀어지게 된다고 하더라도 괴로울 일은 없을 거라고 생각했다. 비건 지향의 길로 들어서보니 예상대로 어떤 음식과 거리를 두는 일은 내게 어렵지 않았다. 횟집을 지나가며 군침을 삼키는 게 아니라 비린내 때문에 인상을 찌푸리고 걸음을 재촉하게 되기까지 겨우 반년밖에 안 걸렸다. 내 미각과 신체는 고기들과 거리를 두는 데 성공했다. 그러나 거리를 둔 건 정말 나빴이었다. 그렇게는 비건이 될 수 없다는 걸 뒤늦게 깨달았다.

아빠는 서울에서 나고 자랐는데, 나의 친할아버지가 일찍 돌아가시고 나서 가세가 급격히 기울었다. 그런 집안에서 오래도록 가장의 역할을 해오신 건 큰고모였다. 그가 있었기에 아빠가 있었고, 그 덕에 내가 있을 수 있었다. 내게 큰고모는 무섭고 다정한 집안의 큰 어른이었다. 소 목장을 하시는 큰고모는 내가 놀러 가면 종종 송아지들을 내게 보여주셨다. 그에게 송아지는 식구를 살게 해주는 고마운 존재이자 조카에게 소개해주고 싶은 귀여운 동물일 것이다. 나는 비건을 지향한 뒤로 큰고모와 함께하는 식사 자리를 피하고 있다. 내가 비건을 지향하는 것이 그의 삶을 부정하는 것이 되어버릴 것 같아서 두렵기 때문이다.

　친구들과 밥 먹는 것도 마찬가지다. 내가 갈 수 있는 식당을 찾느라 우리는 여름에는 뜨거운 햇살 아래서, 겨울에는 차가운 칼바람 앞에서 한참을 고생해야 했다. 만날 수 있는 장소도, 함께 먹을 수 있는 음식도 제한됐다. 친구들에게 미안했고, 미안한 마음으로 친구들을 만나는 것이 괴로웠다. 예전엔 쉽게 만나자고 부를 수 있었던 친구들과 거리가 생긴 것이다. 친한 친구들과도 이러하니, 아주 가깝지 않은 사람과 만나는 건 더 쉽지 않다. 사람들은 호의의 표현으로, 나를 환대한다는 의미로 값비싼 고기를 권한다. 만일 내가 그 식재료를 거부한다면, 그들의 호의와 환대를 거부하는 일이 되어버릴 수 있었다.

　나는 이런 상황이 괴로워서 피하고 숨는 편인데, 나의 어떤 비건 지향 친구들은 분노하고 화를 낸다고 했다. 비건 지향인은 피하고 숨지 않으면 쉽게 오해받고, 거절당하고, 비난의 대상이 될 수 있다. 당연하게도 이러한 비건 의례 실패는 단지 비건 지향인들만의 문제가 아니다. 의례엔 개인의 성공과 실패가 있을 수 없다. 어쩌면 비건을 지향하는 사람들이 비건적으로 타인과 관계 맺기에 실패했다고 느끼는 만큼, 비건 지향인과 관계 맺는 이들 역시 곤란해할지도 모른다. 적어도 내 주변의 사람들은 그런 것처럼 보인다.

20년째 한동네에서 사는 작은이모는 언제나 내게 맛있는 것을 먹이고 싶어 하신다. 그는 당신이 젊었을 때 하루 종일 수놓아 연탄값을 마련했던 지난 세월을 기억하고 있다. 작은이모 스스로가 맛난 것을 좋아하기 때문이기도 하지만, 그의 삶에 따르면 자식에게 맛난 것을 배부르게 먹이는 것이 그가 보일 수 있는 최고의 애정 표현이라고 할 수 있다. 작은이모는 종종 내게 전화를 걸어 어느 동네에 맛집이 있으니 먹으러 가자는 제안을 한다. 열 번 제안하면 내가 한 번 갈까 말까 했는데도, 그녀는 내게 전화를 걸어 음식으로 자신의 사랑을 내게 표현했다. 그런데 내가 비건 지향임을 알게 된 뒤부터 작은이모는 전화하길 망설이고 있다. 그는 내게 애정을 표현할 길을 잃어버렸다.

친구들과의 관계에서도 마찬가지다. A와 B는 나의 20년지기 친구들이다. 한때 한동네에 살며 무슨 일이 있으면 서로를 불러냈지만, 지난 5~6년 사이에 다들 뿔뿔이 흩어졌다. 이제 예전만큼 자주 만나지 못하지만, 친구들은 종종 맛있는 음식을 사주겠다고 이야기하며 서로의 안부를 물었다. 낯간지러운 말을 주고받지 않는 사이에 비싸고 맛있는 음식을 사주겠다는 말은 그 무엇보다 큰 애정 표현이기도 했다. 그러나 내가 비건을 지향하고 난 뒤부터 애정으로 가득 차 있었던 말은 서로를 조심스러워하고 어려워하는 말로 바뀌었다. "너 이거는 먹을 수 있나?" "야, 고은이 그거 못 먹잖아." 친구들은 서로에게 건네던 담백한 애정 표현의 방도를 잃어버렸다.

내겐 이런 상황이 아이러니하게 느껴졌다. 나 혹은 비건을 지향하는 친구들이 피하고, 숨고, 분노하고, 화내는 일은 모두 연결보단 단절과 더 가깝다. 분명 비건을 지향하는 사람들은 비인간동물들과 연결되고자 한 인간들인데, 정작 인간 세계에서는 단절되어가고 있었다.

흔히들 윤리적 실천은 혼자 해내는 일이어야 한다고 말한다. 그 윤리성이 다른 사람에게 눈치를 주거나 다른 사람을 강제하게 된다면 잘못됐다고 생각한다. 이것을 비건 지향인에게 적용해보면 '네가 비건인 건 알겠지만, 내게 해가 될 일은 없었으면 좋겠다'는 말이 된다. 누군가의 윤리적 실천은 오로지 그 누군가만의 일일 때만 지지받을 수 있다는 뜻이다. 만일 그 윤리적 실천이 다른 사람의 자유를 방해한다면 그것은 폭력성을 띠게 되므로 윤리성을 잃게 된다는 것이다. 나는 그런 말을 들을 때면 자유란 것이 진짜 존재하는지 의문을 품게 된다. 존재는 다른 존재에 의존하며 살아간다. 서로는 서로에게 구속되고 얽매여서 존재한다. 개인 단한 명만의 오롯한 자유란 사실 허상에 불과하다. 비건 지향인으로 인해 불편(이라 부르는 것)을 겪지 않더라도 사람들은 이미 자유롭게 살고 있지 않다. 어떤 음식점에 들어가도 고기가 있고, 어떤 채널을 틀어도 고기가 나오는 세상이다. 고기를 멀리할 수 없는 문화 속에서 어떻게 자유를 찾으며 살 수 있을까?

철학자 질 들뢰즈는 언어란 곧 "명령어"라고 말한 적이 있다. "아, 힘들어. 기름진 거 먹어야 할 것 같은데"라는 말은 들으면 내 비건 친구는 비건 버터 잼을 내게 내민다. 하지만 보통은 삼겹살이나 치킨처럼 고기를 먹어야 한다는 생각에 이르게 된다. 이미 사회적으로 통용되고 있는 맥락과 의도가 있고, 그것을 따라야 한다는 명령이 말에 이미 붙어 있다. 말은 어떤 영향권 안에서 어떤 행동을 하는지와 무관하지 않고, 그렇기 때문에 말은 곧 명령으로 작동할 수 있다. 비건의 말은 누군가의 자유를 침해하는 게 아니라, 다른 말에 비해서 유독 그 언어가 명령어라는 점이 더 잘 드러날 뿐이다.

거꾸로 비건을 지향하는 사람의 입장에서 보면, 그들은 비건을 지향하지 않는 이들보다 더 많은 순간 말이 명령어라는 사실을 느끼고 있다.

내가 큰고모와 식사 자리를 피하는 것도, 작은이모나 20년지기 친구들과 애정 어린 말을 주고받기 어려워진 것도 눈치를 주거나 눈치를 보는 일을 최소화하고 싶어 했기 때문이다. 나는 비건의 말을 제대로 드러내지 않아서 다른 이들에게 침투할 수 있는 가능성을 제거했다. 상대도 내가 지나치게 조심스러운 나머지 나를 침범하려 들지 않았다. 서로는 서로에게 가닿지 않았으므로 점점 더 멀어질 수밖에 없다. 이것이 바로 의례의 실패다. 의례를 함께 행한다는 것은 서로가 서로의 자리를 인정하고 이해함과 동시에 서로에게 섞여 드는 일이다. 그것은 자유가 허상이고 말이 명령어라는 것을 더욱 적극적으로 드러내는 일이다.

그래서 나는 오히려 적극적으로 눈치를 주고, 눈치를 보는 상황을 만들기로 했다. 눈치를 주거나 눈치를 받는 일은 대개 부정적으로 여겨진다. 나 또한 누군가에게 일방적으로 비위를 맞추기를 싫어한다. 그러나 의례에서 중요한 것은 몸과 마음을 담고, 그것을 서로 나누는 것이다. 상대를 곤란하게 만들고 싶다는 마음이 있다면 그것은 의례가 될 수 없다. 그게 아니라 상대를 향해 진중하게 무언가를 주고받자고 손 내미는 것이라면, 그것은 나름대로 자기 길을 찾게 될 것이라고 믿는다. 눈치를 보거나 눈치를 받는다는 것은 대놓고 의사를 표현하거나 행동하기 어려운 상황에서 상대를 의식하며 은근하게 구는 것이다. 그러니까 마음이 담긴 눈치 주고받기는 서로를 신경 쓰고 있다는 것을 알아차리고, 은근하게 서로에게 개입하고 섞여 들어가는 일이 될 수도 있다.

생각해보면 나 역시도 눈치를 보며 비건 지향을 시작하게 됐다. 새벽이생추어리에서 돌봄 활동이 끝나면 보통 식사 시간이 된다. 돌봄 활동을 하던 초기에는 비건 지향이 아니었기 때문에 근처에 있는 아무 식당에서나 밥을 먹었다. 당시 덩어리 고기는 먹지 않았지만, 유제품이나 고기 육수는 먹곤 했다. 그러다 한번씩 함께 돌봄 활동을 한 이들과 밥을 먹었는데, 그때 처음으로 비건 지향 식사를 주문하는 것을 목격했다. 식당에서 밥을 먹는 과정이 생소하고 신기하게 느껴졌다. 가장 먼저는 비건으로 주문할 수 있는 음식점을 확인했다. 고기 육수를 쓰지 않거나 고기 고명을 뺄 수 있는 곳은 몇 되지 않기 때문에 정보가 중요하다. 아주 좁아진 식당 선택지 중 한 곳에 들어가면 그곳에서도 먹을 수 있는 메뉴를 추려야 한다. 우리가 간 곳은 국수를 먹을 수 있는 곳이었는데, 함께 돌봄 활동을 했던 분은 주문을 하며 계란을 빼달라고 말했다.

나는 이 모든 과정에서 계속 눈치를 봤다. 무례한 일이 발생하지 않을까 조심스러웠기 때문이다. 어쩌면 그분도 마찬가지였을 것이다. 내가 비건인지 확실하지 않은 상황에서 비건식을 하기 위해서는 나의 눈치를 봐야 했다. 조심스럽게 눈치를 주고받으며 서로의 감정을 상하게 하지 않는 이 과정은 마치 춤을 추며 상대의 발을 밟지 않기 위해 애쓰는 것 같았다. 나는 이것을 '눈치 의례'라고 부르고 싶다.

　눈치를 보는 것만큼이나 눈치를 주는 것 역시 불편함을 감수해야 한다. 차라리 나를 신경 쓰지 않게 하는 게 더 간단하고 편하다고 느껴질 정도로 말이다. 눈치를 줄 때는 상대의 입장에서도 생각해봐야 하니 나에게 익숙한 것을 낯설게 감각하려는 노력이 필요하고, 상대가 그것에 지나친 거부감을 느끼지 않도록 수위 조절도 해야 한다. 때로는 적극적으로 상대에게 권유하기 위해 용기를 내야 할 때도 있다. 낯선 것을 위협적이거나 부정적으로 느끼지 않게 하려면 좀 더 즐겁게 혹은 흥미롭게 접근할 수 있도록 방법을 찾는 것도 좋은 눈치 의례가 될 것이다.

　그러니까 마음을 다해 상대에게 눈치를 준다는 것은 상대에게 손을 내미는 행위가 될 수 있고, 눈치를 본다는 것은 상대가 내민 손을 잡는 행위가 될 수 있다. 어떤 면에서 눈치는 주는 동시에 받는 것이므로, 서로 눈치를 주고받는 행위는 상호 간에 손을 내밀고 그 손을 맞잡는 일이 될 수 있을 것이다.

# 학생입니다

이 책의 초고를 마무리하고 편집자 선생님의 피드백을 기다리는 사이에 문탁네트워크에서 분기 워크숍이 열렸다. 함께하는 세미나 말고, 각자 하고 싶은 공부를 발전시켜 공유하고 피드백을 받는 자리였다. 나는 '유교 페미니즘이 가능할까?'라는 주제로 글을 써갔다. 동양인으로서 유교와 페미니즘을 어떻게 동시에 소화시킬 수 있을지 모르겠다는 나의 고민에 문탁네트워크 회원들의 토론이 이어졌다.

글로벌 시대에 동양인이라는 정체성을 갖는 게 이상하다는 선생님과 여전히 역사적 맥락을 배제할 수 없다고 하는 선생님, 페미니즘에 대한 나의 입장이 불분명하다는 선생님과 내가 글에서 타깃으로 삼는 '요즘 세대'가 추상적이라는 친구……. 각자 짚어낸 부분은 조금씩 달랐지만 요지는 얼추 비슷했다. "이런 식으로 공부해서는 안 된다." 문탁네트워크에서 공부한 지 10년이 지났지만, 아직도 이곳에 막 발을 들였을 때와 똑같은 말을 듣는다.

내게 처음 동양 고전 공부를 제안했고, 이후에 자신의 그 제안을 후회한다던 선생님이 내게 물었다. "유교의 모든 문장에 다 동의할 수 있어?" 당연히 그렇지 않다. 어떤 말들은 너무 멋져서 몸서리치게 되지만, 어떤 말들엔 여전히 거부감이 든다. 그럼에도 그동안 저 질문에 삐딱한 대답만 내놓았는데, 그건 유교를 읽는 이유에 관해서, 유교의 매력과 의미에 관해서 변론해야 한다고 느꼈기 때문이다. 한 번도 먹힌 적 없는 변론이었지만, 그렇기 때문에 더더욱 해야만 한다고 생각했다.

그러다 이날 워크숍에서 나는 처음으로 웃으며 저 질문에 수긍했다. "아뇨, 다 동의하지는 않아요." 선생님은 거기서부터 시작해야 한다고 했다. 내가 서 있는 위치에서, 나의 자리에서 담담하게 유교를 만나야 한다는 말인 것 같았다. 그날 나는 뭔가 달라졌다는 걸 깨달았다. '더 이상 유교를 좋아하는 나의 마음에 대해서 변명하지 않아도 되는구나.' 뭐가 달라진 건지, 어떻게 달라진 건지 지금 명확하게 설명하긴 어렵다. 어쩌면 끝끝내 붙들고 있었던 나의 집념이 무언가를 변화시켰던 것일 수도 있고, 선생님들이 나의 오기를 받아주기로 마음 내신 걸 수도 있고, 그것도 아니면 경직되어 있었던 나의 마음에 여유가 생긴 걸 수도 있다.

하나 확실한 건 이 책의 원고를 쓰면서부터 내 마음에 산들바람이 불기 시작했다는 것이다. 이정신 편집자 선생님은 이 원고를 받아보시곤 짝사랑 이야기 같다고 하셨는데, 돌이켜보니 정말 그렇다. 나는 원고를 쓰면서 유교 공부가 내 삶에 어떤 의미가 있는지, 내가 그걸 왜 좋아하게 됐는지 구구절절 말할 수 있었다. 뭐라 설명할 수 없어서 혼자 품고 있었던 사랑에 대해 마음껏 적을 수 있었다. 누군가는 몸서리치고 누군가는 다가가길 망설이는 그를 좋아하는 것도, 그와 함께 살아가는 것도 그리 이상하지 않다는 걸 보여줄 수 있었다. 누군가를 사랑해도 괜찮다고 인정받은 기분이다. 그 시간 동안 새겨졌던 나의 삶이 인정받은 기분이다.

나조차도 몰랐던 나의 마음을 들여다보고, 그 마음을 처음부터 끝까지 응원해주었던 이정신 편집자 선생님께 지면을 빌려 감사의 말씀을 드리고 싶다. 선생님의 제안과 지지가 없었다면 이 마음은 언제고 흉포하게 바뀌었을지도 모른다("네, 다 동의할 수 있죠. 유교에는 진짜 멋진 문장들만 있거든요?").

"이런 식으로 공부해서는 안 된다"라는 소리를 처

음 들었을 땐 재벌과 같은 마음으로, 그러니까 자만심과 호기심으로 그 말을 독파하고자 했다(이 책의 〈쓸고 닦고 환대하기〉 참고). 지금은 그 말을 평생 풀 수 없을지도 모른다는 생각이 든다. 너무 열심히 살지 않기로 결심한 덕분이기도 하겠지만(이 책의 〈간염과 수영에게 혼쭐나다〉 참고), 저 말은 내가 어딘가로 가고 있다는 방증일지 모르겠단 생각이 들었기 때문이다. 나는 어디론가 계속 가고 있는 사람, 그러니까 학생이다.

그러므로 만일 글에 부족한 부분이 있다면 그건 아직 공부가 부족한 나로부터 온 것이다. 반대로 만일 이 글에 꽤 괜찮은 부분이 있다면 그건 모두 나와 함께 10년을 살아준 이들, 특히 공동체 사람들과 책들로부터 온 것이다. 내가 유일하게 잘했다고 생각하는 건 '버티기'다. 이 글을 쓸 수 있었던 건 그저 내가 문탁네트워크에서 10년 동안 버텼기 때문이다. 부끄럽고 괴로워서 도망치고 싶었던 마음을 이겨내고 어떤 사람들과 어떤 책들의 도움을 받아, 그들의 옆에서 버틴 시간이 이야기가 됐다.

이 이야기에 얼마나 많은 존재가 등장하는지, 이 이야기가 작은 책이 되기 위해 또 얼마나 많은 존재의 손을 거칠지 모른다. 혼자 할 수 있는 일은 없다. 혼자 살 수 있는 방법도 없다. 이 원고를 마무리하는 지금, 나는 자꾸 까먹게 되는 그 사실을 또 새삼 깨닫는다. 언젠가 이 세상 존재들과 함께 살 수 있게 되면, 그러니까 혼자 고립되는 일이 없어지면 나는 홀가분한 마음으로 공부를 그만둘 것이다. 그때까지 나는 계속 학생이다.

# 어쩌다 유교걸

| | |
|---|---|
| **초판 1쇄 펴낸날** | 2023년 10월 10일 |
| **지은이** | 김고은 |
| **펴낸이** | 박재영 |
| **편집** | 이정신·임세현·한의영 |
| **마케팅** | 신연경 |
| **디자인** | 조하늘 |
| **제작** | 제이오 |
| **펴낸곳** | 도서출판 오월의봄 |
| **주소** | 경기도 파주시 회동길 363-15 201호 |
| **등록** | 제406-2010-000111호 |
| **전화** | 070-7704-5809 |
| **팩스** | 0505-300-0518 |
| **이메일** | maybook05@naver.com |
| **트위터** | @oohbom |
| **블로그** | blog.naver.com/maybook05 |
| **페이스북** | facebook.com/maybook05 |
| **인스타그램** | instagram.com/maybooks_05 |
| **ISBN** | 979-11-6873-078-6 03150 |

이 책은 저작권법에 따라 보호받는 저작물이므로 무단전재와 복제를 금합니다.
이 책 내용의 전부 또는 일부를 이용하려면 반드시 저작권자와 도서출판 오월의봄에
서면 동의를 받아야 합니다.

책값은 뒤표지에 있습니다. 잘못된 책은 바꾸어 드립니다.

**만든 사람들**

| | |
|---|---|
| **책임편집** | 이정신 |
| **디자인** | 조하늘 |